Paula Polak

Welche Pflanze passt wohin im Naturgarten?

Die ideale Kombination aus Arterhalt und Schönheit

Paula Polak

Welche Pflanze passt wohin im Naturgarten?

Die ideale Kombination aus Arterhalt und Schönheit

Inhalt

Symbole in den Pflanzenporträts

↑ Wuchshöhe — Nutzpflanze
✿ Blühmonate — ★ Jokerpflanze, flexibel einsetzbar

Was heißt hier Naturgarten?

Garten und Natur – ist das nicht ein Widerspruch? Ein Garten ist gestaltet, geordnet, ganz so, wie der Mensch ihn gerne sehen möchte und wie er ihn als schön empfindet. Natur dagegen ist wild, durcheinander, ungeordnet. Oder nicht?

Eine bunte Mischung entstand in meinem Garten aus Blutweiderich *(Lythrum salicaria)*, Nachtkerze *(Oenothera biennis)*, Karden *(Dipsacus* spp.), Roter Spornblume *(Centranthus ruber)* und Hoher Flammenblume *(Phlox paniculata)*.

Der bunte lebendige Garten

Ein konventioneller Garten soll ganz nach den Vorstellungen seiner Benutzer geformt werden, mal mit geraden Linien, eher formal, vielleicht in einem Ton-in-Ton-Farbschema, mal mit geschwungenen Linien und in allen Farben des Regenbogens.

Dennoch kann keiner seinem Garten zu 100 % seinen Willen aufzwingen, sind doch die natürlichen Gegebenheiten des Ortes die Basis des Gartens. Man kann zwar mit viel Geld und Aufwand z.B. eine feuchte Wiese trockenlegen und einen Kiesgarten daraus machen oder in einer niederschlagsarmen Gegend ständig gießen, aber manches lässt sich mit allem Geld und aller Zeit der Welt nicht ändern. Liegt der Garten im Schatten der Nachbarhäuser und man hätte gerne ein sonniges Staudenbeet, hilft nur der Umzug. Lebt man auf 1.500 m Meereshöhe an einem Nordhang der Alpen, werden wärmeliebende Mittelmeerpflanzen einfach nicht gedeihen, egal wie oft man sie nachpflanzt. Auf nährstoffreichen, lehmigen Böden werden keine zarten Kartäuser-Nelken sprießen, auf kiesigen Böden mit wenig Niederschlag werden weder Eibisch noch Pfingstrosen zu einem wahren Blütentraum werden.

Es ist deutlich energiesparender, die richtigen Pflanzen sich selbst zu überlassen, als die falschen mühsam zu düngen, zu gießen und schädlingsfrei zu

Pflanzen mit ähnlichen Ansprüchen versammeln sich in Gesellschaften, wie diese natürlich entstandene Bergwiese.

Starke Partner: Schmalblättriges Weidenröschen *(Epilobium angustifolium)* und Wiesen-Bärenklau *(Heracleum sphondylium)*.

halten. Es braucht kostbare Lebenszeit, einem Ort eine Gestaltung aufzuzwingen, die nicht zu ihm passt. Viel einfacher und zielführender ist es, mit der Natur zu arbeiten, und nicht gegen sie.

Die Natur hat ihre eigene Ordnung. Alle Beteiligten haben sich im Zuge der Evolution gemeinsam entwickelt. Der eine dient dem anderen als Lebensgrundlage. Auf jedem Standort, ob nährstoffarmer oder nährstoffreicher Boden, sonnige oder schattige Lage, mit viel Regen oder wenig, haben sich bestimmte Pflanzen behaupten können. So hat die Evolution Kombinationen von Pflanzen geschaffen, die miteinander »können«, gleiche Ansprüche haben und in etwa gleich stark sind. Zusammen ergeben sie ein harmonisches Miteinander. Diese passenden Kombinationen aus Stauden, Sträuchern und Bäumen können wir uns für die Gestaltung von Gärten und anderen Grünflächen zunutze machen. Warum etwas neu erfinden, das sich über Tausende Jahre bewährt hat? Dies ist der erste Tipp für einen schönen und gleichzeitig pflegeleichten Garten:

- **Pflanzen wählen, die zu den Bedingungen vor Ort passen.**

Standorteigenschaften

Die Hauptkriterien für Pflanzen sind **Licht** (sonnig/schattig), verfügbare **Nährstoffe** (nährstoffarm/nährstoffreich) und **Wasser** (viel/wenig Niederschlag). Manchmal stellt sich noch die Frage, ob das Gestein, auf dem der Boden entstanden ist, eher kalkhaltig oder sauer ist. Die meisten Böden sind neutral oder leicht kalkhaltig. Wer in einer Gegend mit saurem Boden wohnt, z.B. im Bereich der Lüneburger Heide, weiß das meist und kann sich an den in der Region wachsenden Pflanzen orientieren. Die meisten Stau-

Oben: Den Wiesen-Knöterich *(Bistorta officinalis)* findet man in Deutschland oft. Er liebt es feucht und nährstoffreich.
Unten: Die Große Kuhschelle *(Pulsatilla grandis)* ist dagegen angepasst an magere, kalkreiche Trockenrasen. Sie ist in Bayern und Thüringen heimisch sowie in Österreich im pannonischen Raum. Sie steht unter Naturschutz.

den mögen neutralen bis leicht kalkhaltigen Boden, vertragen aber oft auch etwas mehr Kalk. Für Gärten ab etwa 800 m über dem Meeresspiegel, sollten Sie besonders robuste Stauden wählen. Liegt Ihr Garten sogar im subalpinen Bereich, das heißt ab 1.500 m Höhe, sollten Sie auf Pflanzen aus speziellen Alpengärtnereien zurückgreifen. In den Pflanzenporträts in diesem Buch haben wir vermerkt, welche Pflanzen die Höhenbedingungen ganz gut vertragen.

Moore sind seltene Naturstandorte mit ganz besonderen Pflanzen wie Sonnentau. Torf ist zu wertvoll, um in Plastiksäcken aus dem Baumarkt ins Rhododendrenbeet gekarrt zu werden. Wollen Sie unbedingt ein Beet mit Pflanzen, die sauren Boden brauchen, obwohl Sie keinen geeigneten Boden dafür haben, gibt es dafür Ersatzstoffe aus Rinde. Aber wir sollten lieber mit der Natur, mit dem Standort arbeiten, nicht dagegen. Tipp 2 lautet deshalb:

- **Torf gehört ins Moor, nicht in den Naturgarten.**

Die richtige Pflanze am richtigen Ort fühlt sich wohl, sie erhält die Mengen an Licht, Wasser und Nährstoffen, die für sie ideal sind. Solche Pflanzen gedeihen und brauchen im Grunde keine Pflege. Wenn wir also jäten oder Pflanzen zurückschneiden, dann nicht, weil es die Pflanze braucht, sondern damit das Beet optisch unseren Vorstellungen entspricht. Gut versorgte Pflanzen sind robust und nicht anfällig für Schädlinge und Krankheiten. Diese suchen sich leider immer zuerst das schwächste Pflänzchen aus. Je stabiler die Pflanze, umso weniger Hilfe braucht sie von uns. Je weniger Unterstützungsarbeit wir im Garten leisten müssen, desto mehr Zeit bleibt, um ihn zu genießen. Deshalb ist dieses Buch nach Standorten geordnet, von sonnig/trocken/nährstoffarm bis zu schattig/frisch/nährstoffreich. Es erleichtert die Suche nach den passenden Stauden enorm, wenn man nur in den Kapiteln blättern muss, die die Standorte im eigenen Garten beschreiben.

Heimische Pflanzen verwenden

Der Begriff »heimisch« taucht immer wieder auf, wenn es um naturnahe Gestaltung von Grün geht, aber was versteht man denn darunter? Als heimisch gelten jene Pflanzenarten, die sich trotz widriger Umstände und Konkurrenz lange Zeit in einer Region behaupten konnten. Unter »lange Zeit« verstehen die Botaniker streng genommen die Zeit vor Christoph Kolumbus' Reise nach Amerika (1492). Im Zuge dieser und anderer Entdeckungsreisen gelangten zahlreiche Pflanzen aus allen Weltteilen nach Mitteleuropa. Das hat unsere Gärten zwar auch mit Flieder

(Syringa) und Pfingstrosen *(Paeonia)* bereichert, aber auch einige »invasive Neophyten« (gebietsfremde, ausbreitungsfreudige Problempflanzen) in die Landschaft gebracht. Drüsiges Springkraut *(Impatiens glandulifera)* und Japan-Knöterich *(Fallopia japonica)* z.B. verdrängen blütenreiche Raine. Manche dieser Invasiven, wie der phototoxische Riesen-Bärenklau *(Heracleum mantegazzianum)* oder die stark allergene Beifuß-Ambrosie *(Ambrosia artemisiifolia),* sind sogar gesundheitsschädlich.

Und was bedeutet jetzt »Region«? Eine Region ist der Teil einer Landschaft, der ähnliche Bedingungen in Hinblick auf Boden, Niederschlag, Höhenlage usw. aufweist. In Deutschland unterscheidet man z.B. 8 Ursprungsgebiete, die noch in 22 Unterregionen unterteilt sind (www.natur-im-vww.de). In Österreich gibt es 10 Biogeographische Großlandschaften (www.rewisa.at). Greifen Sie bei der Bepflanzung eines naturnahen Gartens möglichst auf Pflanzen aus Ihrer Unterregion/Ihrem Ursprungsgebiet zurück. Diese Pflanzen sind am robustesten, weil sie an die herrschenden Bedingungen angepasst sind. Dazu kommt noch der Naturschutzgedanke: Aus fremden Gebieten eingeführte Pflanzen wandern gern in die umliegende Landschaft aus. Das macht nichts, wenn Sie im urbanen Raum wohnen, aber am Rande eines Naturschutzgebietes kann Ihre schöne Gartenaster vielleicht seltene Pflanzenarten überwuchern. Gehen Sie also sensibel damit um, welche Pflanzen Sie einsetzen. Invasive Neophyten sind für den Naturgarten deshalb grundsätzlich tabu. Welche Arten dazu zählen, finden Sie für Deutschland auf den Seiten des Bundesamts für Naturschutz (www.neobiota.bfn.de) und für Österreich beim Umweltbundesamt (www.umweltbundesamt.at). Tipp 3 für einen naturnahen, pflegeleichten Garten lautet:

- **Pflanzen wählen, die gebietsheimisch sind.**

Die Bepflanzung eines naturnahen Gartens sollte mindestens aus 60 %, besser aus 80 % heimischen, standortgerechten Arten bestehen. Um herauszufinden, welche dies sind, gibt es mehrere Wege:

- Sie beschäftigen sich mit der natürlichen Vegetation im Umland Ihres Gartens, so es denn eine gibt.
- Sie beauftragen eine Fachperson mit der Planung.
- Sie studieren Bücher, z.B. den Farbatlas der Farn- und Blütenpflanzen Deutschlands bzw. die Exkursionsflora von Österreich, Liechtenstein und Südtirol oder die Flora Helvetica für die Schweiz.
- Sie erkundigen sich bei Vereinen wie dem Naturgarten e.V. oder dem REWISA-Netzwerk.

Was ist eine Staude?

In diesem Buch geht es hauptsächlich um Stauden. Stauden sind ausdauernde Pflanzen, deren oberirdische Teile jedes Jahr im Herbst absterben. Man sagt, »die Stauden ziehen ein«. Damit ist gemeint, dass sie Teile der in den Blättern und Stängeln gespeicherten Nährstoffe in die unterirdischen Organe (Wurzel, Zwiebel, Knolle) zurückholen, also »einziehen«. Im Frühjahr treiben sie aus den Überwinterungsknospen wieder aus. Weil auch manche Kleinsträucher oder Halbsträucher wie Lavendel, Ysop oder Salbei im Staudenbeet verwendet werden, finden Sie diese ebenfalls im Buch. Schneidet man Gehölze, seien es Bäume, Sträucher oder Kletterpflanzen jedes Jahr bodennah ab, werden sie über kurz oder lang eingehen. Stauden hingegen interessiert es überhaupt nicht, ob Sie ihr verwelktes Laub nach dem Einziehen abschneiden oder nicht.

Eine Blüte des Echten Eibisch *(Althaea officinalis)* bekommt Besuch von einer Biene. Beliebt ist der Echte Eibisch wegen seines Nektars auch bei Schmetterlingen.

Pflanzenarten und ihre tierischen Freunde

Ständig ist hier die Rede von »Pflanzenarten«. Was bedeutet das? Sehr vereinfacht gesagt, gleichen sich die Individuen einer Art äußerlich und genetisch stark und können sich miteinander fortpflanzen. Arten sind natürlich entstanden, Kreuzungen mit anderen Arten sind manchmal möglich. Nachkommen von Kreuzungen, auch Hybriden genannt, sind aber in der Regel unfruchtbar. In Pflanzennamen sind Kreuzungen mit × gekennzeichnet. Pflanzenarten sind überall auf der Erde entstanden und haben sich dort an die Gegebenheiten angepasst. Heimisch sind sie dann dort, wo sie entstanden sind, z.B. in Amerika oder Asien und nicht bei uns. Es gibt eine Menge Pflanzenarten aus anderen Erdteilen, die von Standorten kommen, die unseren ähnlich sind. So fühlen sich Pflanzen der nordamerikanischen Prärie auf unseren trockenen Verkehrsinseln und leider auch auf den Trockenrasen in Naturschutzgebieten durchaus wohl. Warum wir solche Exoten nur in kleinen Dosen einsetzen sollten, erkläre ich gleich noch.

Pflanzen werden in seriösen Gärtnereien unter ihrem botanischen, d.h. lateinischen Namen verkauft. Das macht durchaus Sinn, denn nur der sagt genau, um welche Pflanze es sich handelt. Deutsche Pflanzennamen variieren stark, manche Pflanzen haben beinahe in jedem Dorf einen eigenen Namen. Dadurch besteht Verwechslungsgefahr. Der botanische Name einer Pflanze dagegen ist weltweit identisch. Plaudert ein Australier mit einem Schweden über *Althaea officinalis*, so meinen beide genau die gleiche Pflanze. Der botanische Name setzt sich aus dem Namen der Pflanzengattung und dem Art-Beinamen zusammen. *Primula veris*, die Echte Schlüsselblume, gehört zur Gattung *Primula*. Um sie nicht mit anderen, wie z.B. *Primula vulgaris, P. elatior* oder *P. clusiana,* zu verwechseln, gibt es den Art-Beinamen. So weiß man, dass man mit *Primula veris* die Echte Schlüsselblume bekommt, die andere Vorlieben hat als ihre Verwandten. Die Echte Schlüsselblume *(Primula veris)* kann mit der Stängellosen Schlüsselblume *(Primula vulgaris)* Hybriden bilden, die dann *Primula × variabilis* genannt werden. Sie stehen hinsichtlich äußerlichen und ökologischen Merkmalen zwischen den Eltern, und so kommt es, dass ich im Garten alle Spielarten habe: stängellos mit kleinen Blüten, hohe Stängel mit großen Blüten und alles dazwischen.

Der Mensch spielt gerne Schöpfung, also gibt es auch absichtlich hervorgerufene Kreuzungen aus

Beispiel Schlüselblume: *Primula elatior* bevorzugt solche halbschattigen Plätzchen, *P. veris* würde es hier nicht gefallen. Der Art-Beiname hilft Ihnen, die passende Pflanze zu bekommen.

Oben: Ein Taubenschwänzchen saugt Nektar an einer Seifenkrautblüte *(Saponaria officinalis)*.
Unten: Der wunderschöne Segelfalter labt sich lieber an den röhrigen Blüten des Blutweiderichs *(Lythrum salicaria)*.

verwandten Arten oder es werden gezielt Individuen einer Art selektiert, die besondere Eigenschaften aufweisen. Oft haben Züchtungen einen kompakten Wuchs, große oder intensiv gefärbte Blüten oder blühen ausdauernd. Manchmal geht dies allerdings zulasten anderer Eigenschaften. Wie ein Mensch, der im Fitnesscenter nur den Oberkörper trainiert, auf seltsam dünnen Beinen daherkommt, verlieren Zuchtsorten manchmal den Duft oder werden anfälliger für Krankheiten. Das muss aber nicht sein, manchmal hat eine Zuchtsorte bessere Eigenschaften als die Wildart. Ein Ergebnis der Züchtung sollten wir im Naturgarten aber nur minimal verwenden: gefüllte Blüten. Um diese dichten, üppigen Blüten zu erreichen, werden die Fortpflanzungsorgane der Pflanze zugunsten von Blütenblättern reduziert. Keine Fortpflanzungsorgane bedeuten aber auch keine Insektennahrung. Ein Garten ist zur Freude und zum Nutzen der Menschen da, er ist aber auch Lebensbasis für alles mögliche, was kreucht und fleucht, für Insekten, Vögel, Kleinsäuger, Fledermäuse u.v.m. All diese Tiere haben sich mit den Pflanzen einer Region gemeinsam entwickelt und sind auf diese als Nahrung spezialisiert. Tipp 4 für einen lebendigen Garten heißt deshalb:

- **Tierische Freunde fördern.**

Sozusagen in der ersten Reihe stehen die Insekten. Insekten bestäuben Blüten und erhalten als »Belohnung« dafür Pollen und Nektar. Im Wettbewerb um die Bestäuber will jede Pflanze möglichst attraktiv erscheinen, z.B. durch große Blüten mit einladenden, bunten Staubgefäßen oder durch starken Duft. In der Evolution haben sich diejenigen Insekten durchgesetzt, die am effizientesten an den Nektar und den Pollen kommen, z.B. durch lange Rüssel. So haben sich über die Jahrtausende für verschiedene Blütenformen die genau passenden Bestäuberinsekten entwickelt. Das hat allerdings den Nachteil, dass manche Insekten nur genau diese Pflanze oder deren nahe Verwandte als Nahrung akzeptieren. Die Raupe des Schlüsselblumen-Würfelfalters etwa frisst nur an der Schlüsselblume, die des Kreuzdorn-Schillerfalters hauptsächlich am Kreuzdorn. Auch bei Wildbienen gibt es so enge Verbindungen zu bestimmten Pflanzen.

Was sind Wildbienen?

Wenn wir »Biene« sagen, meinen wir meist die Honigbiene. Honigbienen leben in einem Staat mit bis zu 80.000 Individuen. Wir verdanken ihnen nicht nur gesunden Honig, auch 78 % unserer Nahrungspflanzen benötigen Insekten als Bestäuber. Bestäuber sind aber auch Schmetterlinge, Fliegen, Käfer, Wespen und Wildbienen. In Deutschland gibt es mehr als 550 verschiedene Wildbienenarten, in Österreich fast 700, auch die Hummeln zählen dazu. Die meisten Wildbienen leben nicht in Staaten wie die Honigbiene, sondern einzeln, also solitär. Mehr als 400 Arten bauen ihre Nester eigenständig, 135 Arten parasitieren andere Wildbienenarten und sparen sich das eigene Nest. 75 % der Wildbienenarten nisten im Boden, nur 25 % verwenden Pflanzenstängel oder von Käfern ins Holz gefressene Gänge. Die Holzbiene bohrt sogar selbst Löcher in Totholz, manche Hummeln nisten in hohlen Bäumen. Die kleinste Wildbiene bei uns, die Sand-Steppenbiene, ist nur 4 mm klein, die Schwarze Holzbiene erreicht dagegen stolze 3 cm. Die beste Bestäubungsleistung für unser Obst und Gemüse erfolgt quasi durch eine „Zusammenarbeit" von Honigbiene und anderen Insekten, weil diese zu den unterschiedlichsten Tageszeiten fliegen und oft noch bei Temperaturen, die der Honigbiene zu niedrig sind. Hummeln generieren selbst Körperwärme und fliegen schon ab 4 °C aus.

Leider sind all diese wichtigen Insekten durch Umweltgifte und Lebensraumverlust stark gefährdet. Die Krefelder Studie hat 2017 einen Rückgang von fast 80 % der Insekten sogar in Naturschutzgebieten festgestellt. Dabei sind Insekten nicht nur Bestäuber, sondern auch Nahrung für andere Tiere, vor allem für Vögel und Fledermäuse. Insektenschutz ist also auch Vogelschutz. Mit naturnaher Gartengestaltung können wir zwar nicht die 80 % Verlust in der Landschaft ausgleichen, aber doch kleine Inseln bieten. Es gilt die 10er-Regel: Von jeder heimischen Pflanzenart profitieren mindestens 10 Tierarten.

Nahrung und Lebensraum

Insekten benötigen unterschiedliche, blühende Pflanzenarten, die Nektar und Pollen bieten, und das das ganze Jahr über, daher Tipp 5:

- **Durchblühende Pflanzenvielfalt.**

An Obstgehölzen findet die kleine Blaumeise im Frühling summende oder krabbelnde proteinreiche Happen.

Tiere brauchen genau wie wir regelmäßig Nahrung. Kleine Singvögel, wie Meisen, sterben, wenn sie nur 32 Stunden keine Nahrung zu sich nehmen können, der Brustmuskel braucht viel Energie. Der tierfreundliche Naturgarten bietet also durchgehend Blüten vom zeitigen Frühling bis in den Herbst sowie Samenstände von Stauden und Früchte von Sträuchern für den Winter.

Insekten brauchen aber auch Nistmöglichkeiten. Manche Wildbienen, aber auch Schmetterlinge legen ihre Eier in oder an Pflanzenstängel. Dort entwickeln sie sich dann weiter. Mähen Sie diese Stängel früh ab, entsorgen Sie Eier, Raupen und Schmetterlingspuppen mitsamt dem Schnittgut. Blüten, Blätter und Stängel von Stauden werden im Herbst braun. Der ordentliche Gärtner schneidet alles bodennah ab, recht das Laub zusammen und wirft es bestenfalls auf den Kompost, schlimmstenfalls in die Tonne. Das ist das Ende für Raupe und Co., aber auch schlecht für Käfer, Molche, Kröten, Ringelnatter und Igel, die

Über einen Reisighaufen mit einer schönen kuscheligen Laubschicht für den Winter würde sich dieser Igel riesig freuen.

gern unter Laub und Stängeln überwintert hätten. Deshalb lautet mein 6. Tipp:

- **Weniger Ordnung halten.**

Naturgärtner lassen den Großteil der Stauden über den Winter stehen, manche sogar bis zum nächsten Sommer, da Falter, die als Ei überwintern, so lange für ihre Entwicklung brauchen. Den Strauchschnitt können Sie teilweise als Igelburg aufhäufen und etwas Laub darüber geben. Das restliche Laub rechen Sie vom Blumenrasen weg unter die Hecke. Dort wird es zu Humus zersetzt. Ein Totholzeck mit verrottenden Baumstämmen freut Hirschkäfer und Co.

Kreislauf statt Chemie

Tipp 7 ist selbstverständlich für mich:

- **Keine Verwendung von chemischen, synthetischen Pflanzenschutz- und Düngemitteln.**

Ein richtig geplanter Naturgarten braucht keine Chemie. Durch die standortgerechte Bepflanzung gibt es kaum Probleme mit Pflanzenkrankheiten und Schädlingen, und wenn doch, regelt Mutter Natur das von selbst: auf die Blattlaus folgt der Marienkäfer. Darüber hinaus sind unsere Böden meist ohnehin überdüngt und viele unserer Wunschpflanzen vertragen gar nicht so viele Nährstoffe. Von außen braucht der Naturgarten eher wenig, wie Tipp 8 zeigt:

- **Der Garten funktioniert im Kreislauf.**

Gras- und Heckenschnitt, so sie nicht auf die Igelburg wandern, sowie pflanzliche Küchenabfälle werden kompostiert. Den selbst produzierten Kompost verwenden Sie für das Gemüsebeet und die Obstgehölze. Rasenschnitt können Sie auch schleierdünn liegen lassen – Regenwürmer machen daraus Humus – oder dünn als Mulchmaterial zwischen Gemüse und Stauden ausbringen. Das schützt den Boden vor Erosion, Austrocknung und Unkrautsamen.

Gestalten für Mensch und Natur

Wenn Sie Platz und Freude daran haben, generieren Sie eine Vielfalt an Lebensräumen im Garten: Ein Teich zieht Amphibien und Libellen an und ist nebenbei noch Trinkwasserquelle für Vögel und Igel. Kletterpflanzen am Haus schaffen kühleres Mikroklima, bieten Blüten für Falter und Nistplätze für Vögel. Trockenmauern bieten speziellen Stauden und Reptilien ein Zuhause. Obstbäume, Beerensträucher und Blütenstrauchhecken sind beste Bienennahrung. Das i-Tüpfelchen wäre deshalb Tipp 9:

- **Verschiedene Elemente einbauen.**

Das bedeutet jetzt nicht, das Sie alles auf 200 m² verwirklichen sollen. Es heißt nur, dass Sie viele Möglichkeiten haben, ein blühendes tier- und menschenfreundliches, grünes Refugium zu schaffen. Halten Sie sich an Tipp 10:

- **Der Naturgarten ist auch für uns Menschen da.**

Bringen Sie Ihre Gestaltungs- und Nutzungswünsche ruhig ein. Auch ein Garten mit ausschließlich weißen Blüten kann ein Naturgarten sein. Für eine Familie mit fußballbegeisterten Kindern ist ein Garten mit vielen aufwändigen Staudenbeeten eher ungeeignet, für beruflich sehr eingespannte Leute ebenfalls. Die Fußballfans könnten in einem Naturgarten leben, mit Blumenrasen statt einem reinen Gräserrasen. Eine Blumenwiese statt Rasen, den man mähen muss, passt für die Workaholics. (Fast) alles ist möglich im Naturgarten und in der Gestaltung naturnaher Staudenbeete. Wir können Farbbeete mit überwiegend Wildblumen pflanzen und alle Formen der Beetgestaltung umsetzen, ob Blockpflanzung, Gruppenpflanzung oder Drifts. Alles lässt sich wunderbar den Wünschen der Gartennutzer anpassen. Das soll der Naturgarten ja sein: ein Lebensraum für heimische Pflanzen und Tiere und ein Ort der Erholung, der Freude und des gemeinsamen Erlebens der Besitzer.

Oben: Der Moschusbock braucht Totholz für seine Entwicklung, am liebsten lebt er in Auwäldern.

Unten: Blühende Kletterpflanzen (im Bild *Clematis alpina*) bieten etwas fürs Auge und gleichzeitig Unterschlupf für Tiere.

Hier grünt und blüht es richtig

Egal ob trocken oder feucht, sonnig oder schattig, nährstoffarm oder -reich, für fast jede Standortsituation in Ihrem Garten ist ein passendes Kraut gewachsen, das auch die Tierwelt erfreut.

An Orten, an denen es heiß und trocken ist und zudem keine große Humusauflage Nährstoffe für die Pflanzen bereithält, gedeihen anspruchslose, lichthungrige Pflanzen.

Pralle Sonne, karger Boden

Manchmal ergeben sich im Garten Standorte, an denen Wasser und Nährstoffe Mangelware sind, dafür aber jeder Sonnenstrahl ungebremst auftrifft. Wir erschaffen solche Situationen zuweilen sogar absichtlich, indem wir Trockenmauern bauen, um statt eines abschüssigen Geländes mehrere terrassierte Ebenen zu erhalten. Wir gestalten einen Gartenweg mithilfe eines Schotterrasens oder verschönern die Garage mit einer extensiven Dachbegrünung. Für all dies brauchen wir Pflanzen, die an sonnigen, trockenen, nährstoffarmen Standorten gedeihen.

Eine Trockenmauer wird nicht gemörtelt. Sie hält allein durch das Gewicht der Steine und die richtige Art der Schichtung. Zwischen der Trockenmauer und dem anstehenden Boden wird eine Schicht aus grobem Kantkorn mit wenig Sand- und Humusanteil eingebaut, durch die Regenwasser schnell versickern kann. In diese Schotterschicht und in die Fugen zwischen den Mauersteinen können Polsterpflanzen gesetzt werden. Schotter und Sand sind fast nährstofffrei und speichern kein Wasser.

Ein Schotterrasenweg ist ebenfalls mit Kantkorn aufgebaut, allerdings mit mehr Sandanteil. Die oberste Schicht besteht aus Sand mit bis zu 8 mm großen Körnern. Dazu wird etwas Humus als Nährstoffspender und Wasserspeicher eingearbeitet. Dennoch versickert Regen schnell, sodass der Weg immer trockenen Fußes begangen werden kann.

Eine extensive Dachbegrünung wächst auf einer nur 5–12 cm dicken Schicht Pflanzsubstrat, meist Ziegelsplitt oder Lavakörnchen mit geringem Humusanteil. Das Substrat speichert Regenwasser und reicht zur Verankerung von Pflanzenwurzeln, bietet aber fast keine Nährstoffe. Das Wasser wird dann von den Dachpflanzen aufgenommen und teilweise wieder verdunstet, was ein angenehmes Mikroklima schafft.

Bescheidene Sonnenanbeter

Pflanzen für solche Situationen stammen aus Naturräumen, in denen sie mit steinigen Böden, geringem Niederschlag, voller Sonneneinstrahlung und oft auch noch starkem Wind leben müssen. Typische Anpassungsstrategien sind:

- ein niedriger, kompakter Wuchs,
- weißgraue Blätter, die Sonnenstrahlen reflektieren,
- Behaarung auf den Blättern, die die Lichteinstrahlung bricht und isolierende Luftpolster bildet,
- nadelartiges Laub oder Blätter mit Wachsüberzug, die wenig kostbares Wasser verdunsten,
- dicke, fleischige, wasserspeichernde Blätter,
- und ein weitreichendes Wurzelsystem.

Dieses Wurzelsystem ist der Grund, warum es nie Sinn macht, solche Pflanzen irgendwo auszugraben. Wenn die Hauptwurzel abreißt, stirbt meist auch die Pflanze. Abgesehen davon müssen bei Entnahmen aus der Landschaft immer alle möglichen Gesetze, Eigentumsverhältnisse etc. berücksichtigt werden.

Wurzelraum und Artenzahl

Trockenmauer, Schotterrasen und Gründach bieten den Pflanzen die Möglichkeit, ihr Wurzelsystem dorthin zu entwickeln, wo es Wasser gibt. In Pflanzkästen auf Balkonen und Terrassen gibt es diese Chance nicht, da ist das Wurzelwachstum auf das Gefäß beschränkt. Deshalb eignen sich bescheidene Sonnenanbeter zwar sehr gut für Töpfe, weil sie sehr wenig Wasser brauchen, gießen muss man sie in heißen Sommern aber trotzdem. Düngen ist dagegen nicht sinnvoll. Die von Natur aus auf »magere Kost« eingestellten Arten werden bei hoher Nährstoffzufuhr zu größeren, aber schwachen Pflanzen, die bei Wind oder starkem Regen abknicken. Ist genug Platz vorhanden, sollten Sie möglichst viele passende Arten einsetzen. Versuchen Sie es mit 20 Arten, passt der Standort vielleicht für alle 20, vielleicht aber auch nur für 10. Setzen Sie von vornherein nur 7 verschiedene, kann es sein, dass sich nur 3 wohlfühlen.

Die Hauswurz speichert Wasser in ihren fleischigen Blättern und kommt auf kargem Boden zurecht.

Kiel-Lauch

Allium carinatum

↑30–60 cm ✿ 6–7

WUCHS Laubblätter 2–4 mm breit, nicht hohl, an der Unterseite gekielt.

BLÜTE Zarte, lila-rosafarbene, glockenförmige Blüten in Scheindolden. Vermehrt sich durch Brutzwiebelchen, die sich am Blütenstand entwickeln.

VERWENDUNG Alle heimischen Lauch-Arten können wie Schnittlauch gegessen werden. Auch die Blüten und die Brutzwiebeln sind essbar. Schön in Kombination mit dem Berg-Lauch (*Allium lusitanicum*), dessen Blütezeit direkt an die des Kiel-Lauchs anschließt. Am besten verteilt man den Kiel-Lauch ganz locker und unregelmäßig zwischen den anderen Stauden, für formal gestaltete Beete eignet er sich nicht.

WERT Sehr unempfindlich und auch für wechselfeuchte Standorte geeignet, wenn sie nährstoffarm sind. Die Honigbiene und mehrere Wildbienenarten lieben alle Lauchblüten als Nektar- und Pollenquelle, die Maskenbiene hat sich zum Pollensammeln sogar auf Lauch-Arten spezialisiert.

ARTEN Für diesen Standort ebenfalls geeignete *Allium* sind Berg-Lauch (*A. lusitanicum*), Gelber Lauch (*A. flavum*) und Kugelköpfiger Lauch (*A. sphaerocephalon*).

Zwerg-Schwertlilie

Iris pumila

↑8–10 cm ✿ 3–5

WUCHS Überdauert den Winter und schlechte Zeiten mit einem knapp über der Erde kriechenden Rhizom. Gräbt man sie tiefer ein, kann das Rhizom verfaulen.

BLÜTE Im Verhältnis zur Wuchshöhe außergewöhnlich große Blüten in Cremeweiß, Gelb und verschiedensten Blau- und Violetttönen. Diese *Iris* ist eine Täuscherblume und besitzt deshalb diese Farbenvielfalt. Sie lockt Insekten an, bietet im Gegenzug für die Bestäubung aber keinen Nektar. Das von einer gelben Blüte getäuschte Insekt würde die nächste gelbe Irisblüte meiden, die violette erkennt es aber nicht und bestäubt sie – wieder ohne Lohn.

VERWENDUNG Nur auf sehr nährstoffarmen Standorten, gut in Kombination mit anderen niedrigen Pflanzen wie Hauswurzen, Nelken oder Thymian.

WERT Blüht sehr zeitig im Jahr.

ARTEN/SORTEN: Die heimische *Iris pumila* ist oft nicht erhältlich. Alternative: *Iris × barbata nana* 'Cyanea'.

Wimpern-Perlgras
Melica ciliata

↑20–70 cm ✿ 6–8/9 ★

In ganz Europa außer im Norden verbreitete, typische Steppenpflanze.
WUCHS Zarte Pflanze, die Horste bildet.
VERWENDUNG Als verbindendes Element über die ganze Fläche zwischen Stauden setzen; besonders schön mit Stauden, die kräftige Blütenfarben aufweisen, wie Kiel-Lauch, Kugelköpfiger Lauch und Edel-Gamander. Nur für wärmebegünstigte Standorte verwenden. Eine Art, die mit der Klimaerwärmung gut zurechtkommt. In Kombination mit anderen zartwüchsigen Pflanzen wie Lein oder Nelken, auch geeignet für etwas nährstoffreichere Standorte, deshalb ein Joker; gegenüber kräftigeren Pflanzen aber nicht konkurrenzstark genug.
WERT Sehr attraktive Blütenstände. Auch nach der Blüte bilden die Samenstände noch eine schöne Struktur zwischen spät blühenden Pflanzen und einen Unterschlupf für Insekten für den Winter.
ARTEN Ebenfalls geeignet sind Nickendes Perlgras (*Melica nutans*) und Buntes Perlgras (*Melica picta*). Höherwüchsige Perlgräser, z.B. Hohes Perlgras (*Melica altissima*) brauchen mehr Nährstoffe und sind anfällig für Windbruch.

Felsennelke
Petrorhagia saxifraga

↑10–25 cm ✿ 6–10 ★

Lang blühende, zarte Füllstaude zwischen Pflanzen mit kräftigeren Blütenfarben.
WUCHS Locker, buschig.
BLÜTE Unzählige kleine, weiße bis blassrosa Blüten, mit 3 dunkleren Adern.
PFLEGE Nach der Hauptblüte bodennah abschneiden, dann folgt eine Nachblüte, manchmal bis November.
VERWENDUNG Gut geeignet für Fugen entlang des Hauses oder als Übergang zwischen Beet und Weg, ausgezeichnet auch für Balkonkästen. Bei nährstoffarmem Substrat auch für die Grabbepflanzung in sonnigen Lagen passend. Wächst auch auf etwas nährstoffreicheren Standorten in lockerer Mischpflanzung mit Steppen-Salbei, Ehrenpreis etc. (Joker). Dabei sollten Sie der Felsennelke 20–30 cm Abstand gönnen, damit ihre zarte Gestalt gut zur Geltung kommt. Sie sät sich selbst aus.
WERT Hauptsächlich Fliegen und kleine Wildbienen besuchen die Felsennelke, seltener Schmetterlinge.

Sand-Fingerkraut

Potentilla incana

↑10–30 cm ✿ 3–4

Manchmal findet man die Pflanze auch unter dem Synonym *Potentilla arenaria*, sie gehört zur Sammelart (Aggregat) *Potentilla verna*.

WUCHS Sehr flacher Bodendecker, der sich gut über Seitentriebe vermehrt und den Boden zwischen höheren Stauden gut abdeckt, ohne ihnen Konkurrenz zu machen. Unterscheidet sich vom Frühlings-Fingerkraut (*P. neumanniana*) durch die silbrige Behaarung und eine noch bessere Trockenheitsverträglichkeit.

BLÜTE Blüht sehr früh im Jahr, manchmal sogar schon im März, in einem leuchtenden Gelb mit auffälligen gelben Staubgefäßen.

VERWENDUNG Steht gerne auf kalkhaltigem Boden, verträgt nur ganz wenig Feuchtigkeit und Nährstoffe. Ausgezeichnet für Gründächer und nährstoffärmste Steingärten; gut geeignet für die Balkonbepflanzung, aber nur in der vollen Sonne. Schön in Kombination mit violetten Krokussen oder blauen Traubenhyazinthen, wobei die Zwiebelpflanzen je ein Schäufelchen Kompost in die Pflanzgrube benötigen.

WERT Sehr wertvolle, früh blühende Pflanze für Hummeln, die schon ab ca. 4 °C ausfliegen.

Kuhschelle

Pulsatilla vulgaris

↑15–40 cm ✿ 3–4

WUCHS Laubblätter und Blütenstände sind in einer Rosette angeordnet, sie treiben im zeitigen Frühling gleichzeitig aus.

BLÜTE Die Blütenblätter sind als Kälteschutz silbrig behaart. Die Blüte hängt zuerst, wie eine Glocke oder eben eine Kuhschelle, voll erblüht richtet sie sich auf.

VERWENDUNG In lockeren Gruppenpflanzungen auf trockenen, mageren Böden, auf nährstoffreichen Böden zu konkurrenzschwach. Nur für vollsonnige Standorte. Kann Wurzeln bis in 1 m Tiefe entwickeln, um dort Wasser aufzunehmen. Wenn in einem Gefäß oder auf dem Gründach wenig Substrat als Wasserspeicher zur Verfügung steht, muss bei Bedarf gegossen werden.

WERT Wichtige Hummelpflanze im zeitigen Frühling.

ARTEN/SORTEN In Ostösterreich wächst die Unterart *Pulsatilla vulgaris* subsp. *grandis*. Im Handel sind davon auch weiße und rote Sorten erhältlich. Schön ist auch die Wildart *Pulsatilla nigricans* mit rotvioletten Glöckchen.

Rispen-Steinbrech

Saxifraga paniculata

↑15–30 cm ✿ 5–8

Auch als Trauben-Steinbrech oder Immergrüner Steinbrech zu finden.

WUCHS Die immergrünen Blätter bilden gedrungene Rosetten, ähnlich wie bei Hauswurzen. Die fleischigen Blätter sind mit einer dicken Oberhaut gegen Wasserverdunstung und Frost geschützt. Die Pflanze liebt kalkhaltige Böden.

BLÜTE Weiß bis gelblich, oft mit roten Pünktchen. Die Blütezeit hängt von der Höhenlage ab, je höher er wächst, umso später blüht der Rispen-Steinbrech .

VERWENDUNG Besonders gut geeignet für extensive Gründächer, auch für flachgründige Balkontröge, da er sehr trockenresistent ist. In Gruppen pflanzen zu ca. 15 Stück pro m^2.

WERT Wird von mehr als 90 Insektenarten bestäubt, vor allem von Fliegen.

ARTEN/SORTEN Auch andere Steinbrech-Arten, wie der Rundblättrige Steinbrech *(Saxifraga rotundifolia)* und Steinbrech-Sorten z.B. *Saxifraga arendsii* 'Peter Pan' oder 'Harder Zwerg' mit rosafarbenen bzw. roten Blüten eignen sich für diese Standorte.

Scharfer Mauerpfeffer

Sedum acre

↑5–12 ✿ 6–7

Alle Mauerpfeffer-Arten werden auch alternativ Fetthenne genannt, wegen ihrer »fetten«, wasserspeichernden Blätter. Sie gehören zur Familie der Dickblattgewächse *(Crassulaceae)*.

WUCHS Flach, bodendeckend.

BLÜTE Die leuchtend gelben Scheibenblumen scheiden den Nektar offen sichtbar in den Blüten ab.

VERWENDUNG Eignet sich für Extensivdächer, Mauerfugen und als Wegbegleiter, da er extrem trockenheitsresistent ist. Wollen Sie die Fläche schnell und dicht begrünt haben, sollten Sie ca 15–20 Stück pro m^2 setzen, wenn die Stauden aus dem 9-cm-Topf stammen. Oft ist *Sedum* auch in Multitopfplatten erhältlich.

WERT Pollenquelle für Honigbienen und je eine Sand- und Wollbienenart. Nektarquelle auch für Hummeln und Schwebfliegen.

ARTEN Äußerlich ähnlich und ebenso einsetzbar ist der Milde Mauerpfeffer *(Sedum sexangulare)*.

Weißer Mauerpfeffer

Sedum album

↑5–20 cm ✿ 6–9

Wird auch Weiße Fetthenne genannt. Sehr beliebt wegen ihrer langen Blütezeit von Juni bis September.

WUCHS Überwintert grün, verbreitet sich rasenartig. Für eine schnelle Bedeckung der Fläche sollten Sie ca. 15–20 Stück pro m^2 setzen, wenn die Stauden aus dem 9-cm-Topf stammen.

BLÜTE Zahlreiche weiße, leicht ins Rosafarben gehende Blüten auf bis zu 20 cm hohen Stängeln.

VERWENDUNG Geringfügig anspruchsvoller als Scharfer und Milder Mauerpfeffer, was Nährstoffe und Wasser betrifft.

WERT Neben Sand- und Wollbienen saugen auch einige Schmetterlinge an der Blüte, wie z.B. Roter Scheckenfalter, Kleines Wiesenvögelchen und verschiedene Zipfelfalter. Bedeutende Raupenfutterpflanze für Schmetterlingsraupen wie z.B. die des Fetthennen-Bläulings, für die Raupe des Apollofalters ist sie sogar die einzige Nahrungspflanze.

SORTEN Die Sorte 'Coral Carpet' blüht zwar ebenfalls weiß, aber die Laubblätter färben sich im Winter rötlich. Die Sorte 'Murale' hat ständig rotbraune Blätter.

Hauswurz

Sempervivum spp.

↑5–10 cm ✿ 7–10

Der lateinische Name bedeutet »immer lebend«, da die Pflanze auch unter widrigsten Umständen noch ihr Dasein fristet. Die Dach-Hauswurz *(Sempervivum tectorum)* soll dem Volksglauben nach das Dach/Haus vor Blitzschlag schützen.

WUCHS Gehört auch zu den Dickblattgewächsen, bildet immergrüne Rosettenpolster, vermehrt sich durch seitliche Kindel und durch Samen.

BLÜTE Weiß, rosarot, rot oder gelb, je nach Art/Sorte.

VERWENDUNG Auf sehr trockenen, nährstoffarmen Flächen, aber immer in der Sonne; viele Nährstoffe und Wasser verträgt sie nicht.

WERT Gut für Wildbienen, besonders Wollbienen.

ARTEN/SORTEN Es gibt an die Hundert verschiedene Arten und Tausende Sorten. Im Alpenraum sind vor allem die Spinnweb-Hauswurz *(Sempervivum arachnoideum)*, die Berg-Hauswurz *(S. montanum)* und die Dach-Hauswurz *(S. tectorum)* verbreitet.

Sand-Thymian

Thymus serpyllum

↑10–30 ✿ 5–10 ★

Wird genau wie der Arznei-Thymian *(Thymus pulegioides)* auch Feld-Thymian oder Quendel genannt.

WUCHS Dieser Thymian ist deutlich erkennbar an den immer rundum behaarten Zweigen. Er ist ein immergrüner Halbstrauch, das heißt, die älteren Teile verholzen und sollten nicht ganz bodennah abgeschnitten werden. Er vermehrt sich gut durch Ausläufer.

PFLEGE Dauerblüher, besonders wenn er laufend für die Ernte zurückgeschnitten wird.

BLÜTE Zartrosa Lippenblüten.

VERWENDUNG Kommt auf sehr nährstoffarmen, sehr trockenen Standorten zurecht, ist deshalb ein Joker, braucht aber volle Sonne und meidet Kalk.

Alle oberirdischen Teile werden getrocknet als Heiltee bei Atemwegsinfekten verwendet, aus den Blüten wird ätherisches Öl hergestellt.

WERT Nützlich für Honig- und Wildbienen, wird gelegentlich auch von Schmetterlingen besucht.

SORTEN 'Magic Carpet' hat dunklere Blüten und besonders aromatisches Laub, 'Albus' bekommt weiße Blüten. Auch die Sorten sind medizinisch nutzbar.

Ökologisch wertvolle Gehölze für diesen Standort

Botanischer Name	Deutscher Name	Höhe, Blütezeit und Blütenfarbe
Amelanchier ovalis	Gewöhnliche Felsenbirne	1–3 m, Apr–Mai, weiß
Caryopteris clandonensis	Bartblume	0,5–1 m, Aug–Sep, blau
Chamaecytisus supinus	Kopf-Zwergginster	0,2–0,6 m, Jun–Aug, gelb
Colutea arborescens	Blasenstrauch	2–4 m, Mai–Aug, orangegelb
Cytisus nigricans	Schwarzer Geißklee	0,5–1,2 m, Jun–Aug, goldgelb
Cytisus procumbens	Niederliegender Geißklee	0,1–0,4 m, Apr–Jul, gelb
Cytisus scoparius	Besen-Ginster	0,5–1,5 m, Mai–Jun, gelb
Genista tinctoria	Färber-Ginster	0,2–0,6 m, Mai–Aug, gelb
Prunus fruticosa	Zwerg-Weichsel	0,3–1,5 m, Apr–Mai, weiß
Prunus tenella	Zwergmandel	0,5–1,5 m, Mrz–Mai, rosafarben

Thymian *(Thymus* spp.) und Hauswurzen *(Sempervivum* spp.) kommen an trockenen, nährstoffarmen Standorten gut miteinander aus.

Kombinationsmöglichkeiten

Die Pflänzchen in diesem Kapitel sind an harte Bedingungen angepasst. Sie sollten wirklich nur miteinander kombiniert werden, weil sie nicht konkurrenzstark sind. Kombinieren Sie sie mit wüchsigeren Pflanzen und es regnet zufällig ausreichend, haben die Zarten keine Chance. Bei trockener Witterung dagegen schaffen es die wüchsigeren Pflanzen nicht. In einem Beet, das diesen Standort repräsentiert, ist das Substrat sehr nährstoffarm und Wasser versickert rasch.

Im Plan rechts befindet sich das Beet hinter einer Trockenmauer, die mit Kantkorn in den Korngrößen von 0–16 mm hinterfüllt ist. Unter das Kantkorn sind ca. 5 % Humus gemischt, die obersten 5 cm bestehen nur aus Kantkorn. So haben die Pflanzenwurzeln die im Humus gespeicherten Nährstoffe und das gespeicherte Wasser zur Verfügung. Samen von unerwünschten Beikräutern haben auf der steinigen Oberfläche dagegen wenig Chancen zum Keimen. Auf 3 m², wie im Beet rechts, können Sie alle Arten unterbringen, die in diesem Kapitel vorgestellt wurden. Von März bis Oktober blüht dann immer etwas. Die Arten, die sich eher flächig ausbreiten, wie Felsennelke, Sand-Thymian und Sand-Fingerkraut, setzen Sie an den Rand der Mauer, wo sie schön über die Kante hängen können. Geben Sie ihnen genug Platz! Die Zwerg-Schwertlilie blüht in vielen Farben von Cremeweiß bis Violett. Kauft man sie während der Blüte, kann man sich verschiedene Farben aussuchen. Die kleinen Dickblattgewächse Mauerpfeffer, Steinbrech und Hauswurz können untereinander auch Platz tauschen. Wer keinen Scharfen Mauerpfeffer bekommt, kann auch den Milden Mauerpfeffer *(S. sexangulare)* verwenden, die zwei Arten sind sehr ähnlich. Wichtig finde ich den Weißen Mauerpfeffer, er ist die Futterpflanze für die Raupe des Apollofalters. Neben der Trockenmauer, auf etwas nährstoffreicherem Boden, haben Nahrungspflanzen für den Falter selbst Platz, z.B. Disteln, Flockenblume und Oregano.

Pflanzvorschlag für 3 m² an einer Trockenmauer

Anzahl	Name	Botanischer Name	J	F	M	A	M	J	J	A	S	O	N	D
7	Kiel-Lauch	*Allium carinatum*						x	x					
3	Berg-Lauch	*Allium lusitanicum*							x	x	x			
3	Zwerg-Schwertlilie	*Iris pumila*				x	x							
5	Wimpern-Perlgras	*Melica ciliata*						x						
3	Felsennelke	*Petrorhagia saxifraga*						x	x	x	x	x		
3	Sand-Fingerkraut	*Potentilla incana*				x								
3	Kuhschelle	*Pulsatilla vulgaris*			x	x								
5	Rispen-Steinbrech	*Saxifraga paniculata*					x	x	x	x				
5	Scharfer Mauerpfeffer	*Sedum acre*						x	x	x				
5	Weißer Mauerpfeffer	*Sedum album*						x	x	x	x			
3	Hauswurz	*Sempervivum* spp.							x	x	x	x		
3	Sand-Thymian	*Thymus serpyllum*					x	x	x	x	x	x		

Eine bunt gemischte Blumenwiese entsteht auf eher mageren Böden, hier mit Kornade *(Agrostemma githago)*, Margerite *(Leucanthemum vulgare)* und Färber-Hundskamille *(Anthemis tinctoria)*.

Sonniger, magerer Standort für bunte Beete

Ein sonniger, trockener, etwas nährstoffreicherer Standort ist in der Natur die Ausgangslage für eine **magere Wiese**. Wenn er richtig angelegt, bepflanzt und betreut wird, verspricht dieser Standort auch im Garten eine besondere Artenfülle und Pflegeleichtigkeit. »Etwas nährstoffreicher«, das ist allerdings ein bisschen vage. Es meint Folgendes: Ein reiner Kies- oder Schotterboden enthält ein absolutes Minimum an Nährstoffen, die sich in den sandigen Anteilen befinden. Schnell bildet sich aber selbst darauf eine dünne Humusauflage, die durch Verrottung von Laub und die Tätigkeit von Bodenlebewesen wie Regenwürmern entsteht, und schon wird die Vegetation vielfältiger. Auf Dauer bleiben karge Standorte nur in Hanglagen erhalten, wo Humus vom Wind verweht wird, oder bei intensiver Beweidung durch Schafe. Hier können sich wenig Nährstoffe anreichern und zarte Arten bleiben konkurrenzfähig. »Etwas nährstoffreicher« meint also einen geringen Humusanteil im Boden. Viele der dort wachsenden Pflanzen sind Arten der klassischen Blumenwiesen, wie es sie heute in der Landschaft kaum noch gibt, etwa Margeriten, Wiesen-Salbei und Malven. Wollen Sie eine solche bunte, vielfältige Wiese in Ihrem Garten haben,

Auf mageren trockenen Böden können Sie auch Farbbeete anlegen, z.B. diesen blauen Traum aus Steppen-Salbei *(Salvia nemorosa)* und Stauden-Lein *(Linum perenne)*.

muss der magere Boden von Haus aus vorhanden sein oder Sie müssen die vorgesehene Fläche entsprechend vorbereiten.

Ist Ihr Boden an sich mager, zeigt sich das am schütteren natürlichen Bewuchs und am sandigen bis steinigen Boden. Wachsen dort schon hübsche Pflanzen, reicht es aus, an den offenen Stellen ein paar Ihrer Wunscharten aus diesem Kapitel einzusäen. Den Boden sollten Sie dazu leicht aufkratzen und die Samen nach der Aussaat festtreten. Ist der vorhandene Bewuchs für Sie unattraktiv, mähen Sie ihn einfach ab. Fräsen Sie anschließend die Fläche gründlich und entfernen Sie grobe Pflanzenteile mit dem Rechen. Danach können Sie eine geeignete Blumenwiesenmischung ansäen, möglichst mit Saatgut aus der Region. Drücken Sie die Samen mit der Rasenwalze an, damit sie Bodenschluss bekommen. Graben Sie die Samen nicht ein, außer es wird in der Anleitung explizit so empfohlen. Die meisten Arten für solche Wiesen sind Lichtkeimer, sie brauchen Sonnenlicht, um zu keimen.

Ein Tipp zur Aussaat: Samen von Blütenstauden sind oft so fein wie eine Nadelspitze. Daraus werden jedoch stattliche Pflanzen mit Blattrosetten, die je nach Art, z.B. bei den Königskerzen, einen Durchmesser von 50 cm erreichen können. Die meisten sind zwar nicht ganz so groß, aber Ysop und Wiesen-Salbei benötigen immerhin etwa 25 cm Platz, selbst Margeritenrosetten bekommen schnell einen Durchmesser von 10 cm. Sät man also zu dicht, ersticken sich die Pflanzen gegenseitig. Um dies zu verhindern, strecken Sie das Saatgut mit Sand. Rechnen Sie nur für das Saatgut ca. 2–3 g/m².

Wenn der Boden nährstoffreich ist, ist seine Farbe dunkel und der Bewuchs üppig. Sie können dann mit

Rote Spornblume *(Centranthus ruber)* und Pfirsichblättrige Glockenblume *(Campanula persicifolia)* lieben karge Ecken.

Auch für Lavendel *(Lavandula angustifolia)* und Großblütige Königskerze *(Verbascum densiflorum)* gilt: bloß nicht düngen!

Pflanzen aus dem Kapitel »Beste Bedingungen...« (→ *S. 66)* einen Hochstaudensaum anlegen oder den Boden abmagern, um Pflanzen aus diesem Kapitel zu verwenden. Dazu gibt es mehrere Wege.

Den Boden abmagern

• **Das Unterste nach oben kehren:** Tragen Sie die bestehende Grasnarbe ab, fräsen oder pflügen Sie die Fläche bis zu 40 cm Tiefe, wenn möglich sogar bis 60 cm. Dadurch gelangt der magere Unterboden an die Oberfläche. Fräsen Sie vor dem Winter, dann schafft die Frostgare einen feinkrümeligen Boden. Im Frühling rechen Sie diesen glatt.

• **Abmagern mithilfe von Starkzehrern:** Tragen Sie die Grasnarbe ab und bauen Sie auf der Fläche Sonnenblumen an, diese durchwurzeln den Boden bis zu 3 m tief. Auch Kürbis oder Mais ziehen viele Nährstoffe aus dem Boden. Düngen Sie nicht und schneiden Sie die Pflanzen nach dem Winter ab, graben Sie die Wurzeln aus und kompostieren Sie diese. Sie können dies ruhig über mehrere Jahre praktizieren. Dann fräsen Sie und die Wunschwiese kann angesät werden. Für diese Methode eignen sich auch andere bodenverbessernde Pflanzen wie Ringelblume, Bienenfreund und Buchweizen, nur keine Schmetterlingsblütler wie Bohnen und Klee. Diese binden Luftstickstoff und düngen so den Boden zusätzlich.

• **Bodenaustausch der obersten 20–50 cm:** Diese Methode ist wirklich nur sinnvoll, wenn der Boden kontaminiert oder voller Bauschutt ist. Der Abtransport einer großen Menge Erdreich mit Lkw verursacht zu viel CO_2-Ausstoß.

Gestaltete Staudenbeete

Nährstoffarme Böden eignen sich nicht nur für Blumenwiesen, sondern auch für schön gestaltete Beete. Die Bodenvorbereitung erfolgt dazu wie oben beschrieben. Jede Art der Staudenbeetgestaltung ist mit Wildstauden möglich: Blockbepflanzung, Drifts, Tuffs oder eine Mischpflanzung, die am natürlichsten wirkt. Dafür kombinieren Sie 15 % Gerüstbildner, 25 % Begleitstauden, 10 % Füllpflanzen und 50 % Bodendecker. Verteilen Sie dazu erst die Stauden mitsamt den Töpfen auf der Fläche, um Abstände zu optimieren. Zuerst platzieren Sie die Gerüstbildner, z.B. Königskerze, Nachtkerze und Wegwarte, dann die Begleitstauden usw. Achten Sie beim Einpflanzen darauf, dass sich keine unerwünschten Pflanzen am Wurzelballen befinden. Die Pflege solcher Pflanzungen beschränkt sich dann auf etwas Jäten im ersten Jahr und einen Rückschnitt der Stauden pro Jahr.

Tierisch geliebte Gehölze

Im Sinne der Artenvielfalt und unserer Freude an Blüten sowie aus strukturell-gestalterischen Gründen, sollten Sie zu den Blumenwiesen und Beeten dieses Standorts auch noch die passenden Gehölze pflanzen. In der Tabelle auf Seite 61 finden Sie geeignete Gehölze, die sich auf mageren, sonnigen, trockenen Standorten wohlfühlen. Gehölze bieten nicht nur Pollen und Nektar für Insekten, sondern auch Früchte, die gerne von Vögeln und Säugetieren genutzt werden. Sie bieten ihnen auch Schutz und Nistmöglichkeiten. Das und seine Vitamin-C-haltigen Früchte sind die Gründe, warum ich auch den für Insekten uninteressanten, weil windbestäubten Sanddorn *(Hippophae rhamnoides)* empfehle. Sanddorn wie Schlehe *(Prunus spinosa)* haben allerdings einen Nachteil: Sie vermehren sich stark durch Ausläufer. Deshalb plane ich sie vorwiegend vor Rasen oder Wiesen, die regelmäßig gemäht werden. Im Beet muss man die Austriebe zwischen den Stauden laufend ausstechen. Zum Sommerflieder *(Buddleja davidii)* rate ich, obwohl er eine aus Naturschutzgründen fragliche Art ist. In der Landschaft hat er sich als invasiv erwiesen, er keimt noch am trockensten, magersten Ort und verdrängt so seltene Trockenrasenpflanzen. Im Garten, wenn er nicht gerade an ein Naturschutzgebiet grenzt, sollten Sie ihn dennoch pflanzen. Er ermöglicht es Faltern, die wertvolle Eiweißquelle Pollen zusammen mit dem Nektar aufzusaugen.

Balkon und Terrasse

Die hier angeführten Stauden und Gehölze passen grundsätzlich auch in Gefäße auf Balkon oder Terrasse, vorausgesetzt, das Substrat ist etwas nährstoffreicher und wasserdurchlässig. Dafür nehmen Sie 50 % Bio-Gartenerde und 50 % regionalen Sand, ersatzweise Quarzsand aus dem Baumarkt gemischt mit etwas Gartenkalk. In Gefäßen müssen Sie die Pflanzen gießen und düngen, denn die Erde trocknet schnell aus, die Nährstoffe sind schnell verbraucht.

Buddleja davidii ist in der freien Landschaft nicht unumstritten, steht bei Schmetterlingen aber ganz hoch im Kurs.

Echte Schafgarbe

Achillea millefolium

↑30–60 cm ✿ 6–11 ★

Diese Pflanze ist ein echter Boden-Joker. Es ist ihr egal, ob er etwas sauer oder sehr kalkhaltig ist. Sie verträgt sehr viel Trockenheit, aber auch Wechselfeuchte, wie etwa am Rand einer Sickermulde.

WUCHS Flach, kompakt, bildet seitliche Ausläufer, kommt bis zu einer Höhe von 2.000 m vor.

BLÜTE Cremeweiß bis rosafarben, Dauerblüher, besonders nach Rückschnitt.

VERWENDUNG Eignet sich sehr gut als Bodendecker zwischen höheren Stauden, breitet sich gut aus; auch in Blumen- und Schotterrasen brauchbar, sie verträgt Mahd gut. Auf schwierigen Standorten ist sie oft die einzige Art, die überlebt.
Wird als Tee- und Heilpflanze für Frauenleiden und zur Blutreinigung verwendet.

WERT Wichtige Pollenquelle für zahlreiche Insekten.

SORTEN *Achillea millefolium* ist eine Sammelart, die je nach Standort unterschiedlich aussehen kann, z.B. in Blütenfarbe und Wuchsform. Es gibt zahlreiche Zuchtsorten, z.B. 'Rosea' mit puderrosa Blüten, 'Purpurea' mit dunkelroten Blüten oder 'Summer Pastels' mit verschiedenen Farbtönen in einem Blütenstand.

Edel-Schafgarbe

Achillea nobilis

↑20–60 cm ✿ 6–10

WUCHS Aufrecht, ohne Ausläufer, Stängel und Blätter sind filzig behaart.

BLÜTE Viele einzelne Teilblütenstände, die gemeinsam wie eine einzige, attraktive, cremeweiße Blüte wirken.

VERWENDUNG Auf kalkhaltigen, lockeren, lehmigen Böden; winterlicher Strukturbildner. Die Pflanze duftet aromatisch und kann zur Verbesserung der Raumluft in Büscheln im Zimmer aufgehängt werden.

WERT Der große Blütenstand macht sie zu einer attraktiven Gartenpflanze und wirkt auf Insekten von Weitem anziehend. Sie bietet Nahrung für bis zu 46 Tagfalterarten, (Wild-)Bienen, Wespen, Fliegen und andere Insekten.

ARTEN Ähnliche Arten sind Gelbe Schafgarbe *(A. tomentosa)* mit goldgelber Blüte von Mai bis Juli und wollig-graufilzigem Laub, Rainfarnblättrige Schafgarbe *(A. fillipendulina)* in den großblumigen gelben Sorten 'Credo' oder 'Coronation Gold', Zwerg-Schafgarbe *(A. nana)* mit maximal 10 cm Höhe.

Bertram-Schafgarbe

Achillea ptarmica

↑30–100 cm ✿ 7–9 ★

Wird auch Sumpf-Schafgarbe genannt, was auf einen feuchten Standort hinweist. Sie wächst eigentlich besser auf trockenen Standorten, ist aber ein Feuchte-Joker. Auf nährstoffreichen, frischen Böden ist sie nicht konkurrenzstark genug; am Teichrand kann sie nur mit zarten Nachbarn wie Sumpf-Dotterblume oder Sumpf-Vergissmeinnicht längerfristig bestehen.

WUCHS Aufrecht, die schmalen Laubblätter sind im Unterschied zu den meisten anderen Schafgarben-Arten ungeteilt und nur wenig gesägt. Sie ist ein Tiefwurzler, und somit für Balkonkästen oder Ähnliches ungeeignet.

BLÜTE Relativ große, körbchenförmige Blütenstände ergeben einen attraktiven Gesamtblütenstand.

PFLEGE Rückschnitt führt zu einer Zweitblüte.

VERWENDUNG Harmonisch mit violett oder blau blühenden Stauden wie Wiesen-Flockenblume *(Centaurea jacea)* oder Wegwarte *(Cichorium intybus)*.
Als Arzneipflanze bekannt.

WERT Zieht viele Insekten an, wird hauptsächlich von (Wild-)Bienen und Fliegen bestäubt.

SORTEN Die niedrige Sorte 'Nana compacta' erreicht nur 25 cm Wuchshöhe.

Duftnessel

Agastache spp.

↑80–100 cm ✿ 6–9

Duftnesseln brauchen sonnige, trockene Standorte, aber etwas mehr Nährstoffe.

WUCHS Ausdauernd, aufrecht, imposante Staude.

BLÜTE Je nach Sorte blüht *Agastache* blassrosa bis purpurn, violett, hell- und dunkelblau, im Handel sind auch wenige gelb bis lachsfarben blühende Sorten.

PFLEGE Eine Schaufel Kompost ins Pflanzloch, Rückschnitt nach der Blüte.

VERWENDUNG Am besten mit weniger auffälligen Pflanzen wie Schafgarbe (*Achillea millefolium*) oder Wald-Windröschen (*Anemone sylvestris*) kombinieren.
Frische Blätter eignen sich für Salat und Likör.

WERT Die Pflanze stammt aus Nordamerika und wurde als Futterpflanze für Bienen in Europa eingeführt, sie wird aber (fast) nur von der Honigbiene angenommen.

ARTEN/SORTEN Mexikanischer Ysop *(A. rugosa)* ergibt aromatischen Tee, die Sorte 'Blue Fortune' bietet beste Winterhärte, 'Black Adder' zeigt eine dunkellila Blüte.

Wald-Windröschen

Anemone sylvestris

↑15–40 cm ✿ 4–6

Auch Großes Windröschen genannt. Flächig gepflanzt ist dieses Windröschen ein attraktiver Dauerblüher, dessen Blüte oft schon Anfang April beginnt.

WUCHS Als »Wurzelkriecher« liegen die Überdauerungsknospen der Pflanze dicht an der Erdoberfläche. Sie vermehrt sich durch Bildung bewurzelter Sprosse an der Hauptwurzel, deshalb nicht zu tief einpflanzen!

BLÜTE Weiße, sternförmige Blüten mit gelber Mitte, die bis zu 6 cm Durchmesser erreichen können.

PFLEGE Die Fruchtstände sollten Sie stehen lassen, sie sehen aus wie hübsche, kleine Wattebällchen.

VERWENDUNG In Gruppen von mindestens 5 Pflanzen setzen oder flächig mit 15–18 Stück pro m² pflanzen. Verträgt auch lichten Schatten. Setzen Sie die Pflanze nicht zu Nadelbäumen, denn sie ist kalkliebend. Sie eignet sich gut für eine Mischpflanzung mit anderen zarten Stauden, z.B. Kartäuser-Nelke *(Dianthus carthusianorum)*, Stauden-Lein *(Linum perenne)*, Zittergras *(Briza media)* und Ährigem Blauweiderich *(Veronica spicata)*.

WERT Die Blüten bieten keinen Nektar, aber reichlich Pollen. Sie werden von (Wild-)Bienen, Schwebfliegen, Fliegen und Käfern bestäubt.

Färber-Hundskamille

Anthemis tinctoria

↑40–60 cm ✿ 6–9 ★

Die Färber-Hundskamille ist eine von 100 Arten der Gattung *Anthemis*. Sie ist eine ausdauernde, aber kurzlebige Pflanze, je nach Konkurrenz und passendem Standort übersteht sie 2–8 Jahre.

WUCHS Aufrechte, filzig behaarte Stängel.

BLÜTE Korbblüte mit schönen, goldgelben Blüten, lange blühend, gute Selbstaussat auf lückigen Böden.

VERWENDUNG Im Garten gut geeignet für Blumenwiesen, schön in Kombination mit dunklem Blau, wie dem von Wiesen-Salbei *(Salvia pratensis)*. Passt ihr der Standort, wird sie sehr üppig. Sie ist kalkliebend, anspruchslos und gedeiht bis zu einer Höhe von 1.000 m, deshalb ein Joker. Sie wurde früher als Färbepflanze verwendet.

WERT Wird von 6 Wildbienenarten und mehreren Schwebfliegen genutzt.

SORTEN Die duftende Sorte 'Sauce Hollandaise' zeigt ein interessantes Cremegelb, die Sorte 'Susanna Mitchel' ist noch heller, fast cremeweiß.

Wundklee

Anthyllis vulneraria

↑5–40 cm ✿ 5–8

Gehört zu den Schmetterlingsblütlern, die mithilfe von Knöllchenbakterien Luftstickstoff binden und so auf sehr mageren Standorten existieren können. Verträgt nicht viele Nährstoffe, deshalb in der überdüngten Landschaft rückgängig. Sollte in keinem Naturgarten fehlen.

WUCHS Kompakt, kissenförmig.

BLÜTE Dauerblüher, bei Rückschnitt gute Nachblüte.

VERWENDUNG Robuste Flächenpflanze, die gut ausgesät werden kann. Bei Pflanzung brauchen Sie 9 Stück pro m^2. Passt gut zu blau blühenden, aufrechten Pflanzen, wie Steppen- oder Wiesen-Salbei *(Salvia nemorosa* bzw. *S. pratensis)* oder Duftnesseln *(Agastache* spp.). Frisch gequetschte Blätter können Sie als »Wiesenpflaster« hernehmen, die getrockneten Blüten als Hustentee.

WERT Der Nektar in den Röhrenblüten ist vor allem langrüsseligen Insekten wie Hummeln und Schmetterlingen zugänglich, z.B. Kleinem Fuchs und Zwergbläuling. Für den Zwergbläuling ist der Wundklee auch Raupenfutterpflanze. Wild- und Honigbienen sammeln seinen Pollen.

ARTEN Viele Unterarten, z.B. Steppen-Wundklee *(A. vulneraria* subsp. *polyphylla)* oder Alpen-Wundklee *(A. vulneraria* subsp. *alpestris).*

Echter Wermut

Artemisia absinthium

↑30–80 cm ✿ 7–9

Alle Pflanzen der artenreichen Gattung *Artemisia* enthalten Bitterstoffe in unterschiedlicher Konzentration. Sie werden als Heil- und Küchenkräuter genutzt.

WUCHS Straff aufrecht, attraktive, graugrüne, unterschiedlich gelappte Blätter.

BLÜTE Eher unauffällige, kleine, gelbe knöpfchenförmige Blütenstände.

VERWENDUNG Durch sein silbriges Laub ist er eine hübsche Füllpflanzen zwischen intensiv gefärbten Blütenstauden wie Duftnessel *(Agastache* spp.) oder Stockrosen *(Alcea)*. Wermut ist Bestandteil des alkoholischen Getränkes Absinth, zusammen mit Anis, Fenchel und Melisse. Er enthält das ätherische Öl Thujon, das in größeren Mengen giftig ist.

WERT *Artemisia* wird vor allem durch den Wind bestäubt, ist aber eine wertvolle Raupenfutterpflanze.

ARTEN Die Eberraute *(A. abrotanum)* wird noch höher und hat feingliedrige, hellgrüne Blätter.

Alpen-Aster

Aster alpinus

↑5–15 cm ✿ 6–8

Die Alpen-Aster ist eine sommerblühende Aster.
WUCHS Kompakt und horstig mit längeren Blütenstielen.
BLÜTE Typische Korbblüte mit gelben Röhrenblüten innen und violetten Zungenblüten außen. Die einzelnen Blüten sind eher zart.
PFLEGE Neue Blühkraft gewinnt sie, wenn man sie alle 2–4 Jahre nach der Blüte teilt und vereinzelt. Anschließend muss sie gut feucht gehalten werden.
VERWENDUNG Sehr schön in Stein- oder Kiesgärten, auch in Balkonkästen. Sie bleibt niedrig und ist deshalb windunempfindlich. Am besten gedeiht sie auf kalkhaltigen trockenen Böden, von Tallagen bis zu einer Höhe von 3.000 m. Sehr schön in Gruppenpflanzungen von 5–10 Pflanzen, für eine flächige Pflanzung werden 15–18 Stück pro m² benötigt.
WERT Sie wird von vielen Insekten besucht, ist aber nicht so wichtig wie die spät blühenden Herbstastern.
SORTEN 'Albus', schöne Nachblüte nach Rückschnitt, 'Dunkle Schöne' mit dunkelvioletter Blüte. Zahlreiche gefüllte Sorten, z.B. 'Double Blue' oder 'Double Pink', die aber für Insekten nicht interessant sind.

Berg-Aster

Aster amellus

↑20–60 cm ✿ 7–10

WUCHS Diese Aster wird buschig, wirkt aber durch dünne Stängel und schmale Blätter zart. Ist der Boden zu nährstoffreich, kippt die Staude um.
BLÜTE Typische Korbblüte in zartem Violett.
PFLEGE Zweitblüte nach Rückschnitt.
VERWENDUNG Am besten in Gruppen zu 5–7 Stück.
WERT Als Spätblüher ist die Berg-Aster sehr wertvoll – sowohl für die Gartengestaltung als auch für Insekten; Honigbienen nutzen sie als Spättracht, auch zahlreiche Schmetterlinge wie Kleiner Fuchs, Tagpfauenauge und Distelfalter profitieren von der späten Nahrung; bestäubt wird sie auch von Schwebfliegen.
ARTEN/SORTEN 'Blue King', kräftig violett und standfest, 'Veilchenkönigin', violett und lange blühend. Aus Nordamerika stammend und deshalb streng genommen nichts für Naturgärten: Raublatt-Aster *(A. novae-angliae)* und Glattblatt-Aster *(A. novi-belgii)*. Sie neigen zum Verwildern, sind aber gute späte Bienenweiden.

Zittergras

Briza media

↑20–50 cm ✿ 5–7

Heimisches Gras, wegen seiner Vorliebe für magere Standorte in der Natur stark rückgängig.

WUCHS Das Zittergras bildet über seine unterirdischen Wurzeln lockere Rasen.

BLÜTE Ihre kleinen Ährchenblüten trägt diese Art in Herzform und ist daran ganz einfach zu erkennen.

PFLEGE Nicht im Herbst, sondern erst im Frühling mähen. Die Samen dienen im Winter als Vogelfutter.

VERWENDUNG *Briza* ist schön als zartes Füllgewächs zwischen dominanteren Blütenstauden. Dafür am besten flächig oder in Gruppen von 7–10 Stück pflanzen. Für einen m² benötigt man 11 Pflanzen. Schön ist Zittergras auch in mageren Blumenwiesen, es sollte in keiner Mischung fehlen. Nicht auf nährstoffreiche Standorte pflanzen, von dort verschwindet es sofort wieder.

WERT Für Insekten uninteressant, weil das Gras vom Wind bestäubt wird, aber für Vögel als Nahrungsquelle und Nistmaterial wertvoll.

SORTEN 'Limouzi' wird größer und prächtiger als die Wildart; 'Zitterzebra' ist eine neue Sorte mit weißgrünen Blättern.

Ochsenauge

Buphthalmum salicifolium

↑20–60 cm ✿ 6–9

Die Pflanze gehört zur Familie der Korbblütler und wird manchmal auch Rindsauge genannt.

WUCHS Aufrechter Wuchs mit behaarten Stängeln.

BLÜTE Die goldgelben Blütenköpfe stehen einzeln am Stängel, Durchmesser der Einzelblüte bis zu 6 cm. Die Pflanze wird mit den Jahren durch Seitenaustriebe immer üppiger.

PFLEGE Rückschnitt gleich nach der Blüte, dann folgt eine Zweitblüte.

VERWENDUNG Schöne, lang blühende Beetstaude, unerlässlich in jeder Blumenwiese, schön auch in Kombination mit Margeriten. Sie braucht kalkhaltigen Boden.

WERT Gute Pollen- und Nektarquelle für Honigbienen, Wildbienen inklusive Hummeln, auch für Schwebfliegen und 7 Schmetterlingsarten, vor allem Dickkopffalter.

ARTEN Es sind 2 nicht heimische Arten erhältlich: *B. speciosum* Syn. *Telekia s.* wird bis zu 180 cm hoch, *B. speciosissimum* hat besonders große Blüten.

Bergminze

Calamintha spp.

↑30–80 cm ✿ 7–9

Wird auch Berg-Thymian oder Steinquendel genannt. Es gibt einige heimische Arten, die bekannteste ist *Calamintha nepeta* subsp. *nepeta*, die Kleinblütige Bergminze (siehe Bild Syn.: *Clinopodium nepeta.)*

WUCHS Locker buschförmig.

BLÜTE Viele kleine weiße bis zartviolette Lippenblüten, lang blühende Begleitstaude.

PFLEGE Früh blühende Pflanzen schaffen nach einem-Rückschnitt direkt nach der Blüte eine Zweitblüte.

VERWENDUNG Als Füllpflanze zwischen höherwüchsigen Stauden wie Königskerzen (*Verbascum* spp.), Kugeldistel (*Echinops spaerocephalus*) oder Natternkopf (*Echium vulgare*). Man setzt 9 Stück pro m^2. Bergminze kann als verdauungsfördernder Tee genutzt werden.

WERT Wird von Honigbienen, Hummeln und Schwebfliegen gerne als Nahrungsquelle genutzt.

ARTEN/SORTEN 'Triumphator' ist ein duftender weißer Dauerblüher, 'Blue Cloud' blüht bis zum Frost mit besonders vielen zartblauen Blüten. Die Großblütige Bergminze *(C. grandiflora)* und die Wald-Bergminze *(C. menthifolia)* vertragen auch lichten Halbschatten, brauchen aber etwas mehr Feuchte.

Knäuel-Glockenblume

Campanula glomerata

↑20–50 cm ✿ 6–9

Eine sehr attraktive Beetstaude.

WUCHS Straff aufrecht.

BLÜTE Die Blüten stehen in einem Knäuel oder Büschel mit bis zu 20 kräftig blauvioletten Blüten am Ende des Stängels. Jede Einzelblüte ist bis zu 3 cm lang.

PFLEGE Rückschnitt erst kurz vor dem Neuaustrieb im Frühling, da sie bis spät in den Herbst hinein durchblüht.

VERWENDUNG Passt gut ins Blumenbeet, liebt Kalk und kommt nur auf mageren, sonnigen Standorten zurecht. Setzen Sie sie in Gruppen, pro m^2 etwa 10–12 Stück.

WERT Alle Glockenblumen sind gute Pollen- und Nektarspender und bei Honig- und Wildbienen beliebt. Eine Wildbienenart ist sogar auf die Gattung *Campanula* spezialisiert. Auch Schmetterlinge, z. B. der Zitronenfalter, sowie Käfer und Schwebfliegen nutzen die Pflanze.

SORTEN Bei allen Glockenblumen kommen immer wieder natürlich weißblütige Pflanzen vor. Die Sorte 'Acaulis' wird nur 20 cm hoch, 'Caroline' blüht lilarosa.

Wiesen-Flockenblume

Centaurea jacea

↑20–120 cm ✿ 6–11 ★

Die Must-have-Pflanze in jedem Naturgarten! Sie ist für jeden sonnigen Standort geeignet (Joker!) und dabei ein Dauerblüher und Insektenmagnet.

BLÜTE Die Pflanze zählt zu den Korbblütengewächsen, jeder Blütenkorb hat bis zu 4 cm Durchmesser und enthält bis zu 100 Röhrenblüten.

PFLEGE Jeder Rückschnitt nach der Blüte führt zur Nachblüte, sogar mehrmals.

VERWENDUNG Obwohl sie nährstoffreiche Böden verträgt, ist sie dort gegenüber Stauden wie Schmalblättrigem Weidenröschen *(Epilobium angustifolium)* oder Wasserdost *(Eupatorium cannabinum)* nicht konkurrenzstark. Sie gehört unbedingt in jede Blumenwiese, wirkt aber auch in einem gemischten Beet sehr schön.

WERT Guter Lande- und Futterplatz für alle: Bienen, Hummeln, Schmetterlinge und Schwebfliegen.

ARTEN Die Skabiosen-Flockenblume (*Centaurea scabiosa)* blüht purpurn, aber nur bis August. Sie verträgt nicht viel Wasser und nur einen geringen Nährstoffgehalt. Auf mageren Böden ist eine Mischung aus beiden *Centaurea*-Arten schön.

Wegwarte

Cichorium intybus

↑30–120 cm ✿ 6–10

Die Wegwarte kommt als Wegbegleitpflanze auf nährstoffarmen, kiesigen Böden vor. Sie ist zwar ausdauernd, aber kurzlebig (2–5 Jahre), versamt sich aber gut.

WUCHS Sparrig, locker.

BLÜTE Die himmelblauen, leuchtenden Blüten der Wegwarte sind nur vormittags geöffnet. Manchmal gibt es auch natürliche Varianten mit weißen und rosa Blüten.

PFLEGE Die Pflanze blüht nach einem Rückschnitt noch einmal wunderbar nach.

VERWENDUNG Im Garten als Strukturpflanze in Beeten auf mageren Böden. Die Pflanze ist ein Tiefwurzler, sie auszugraben ist daher sinnlos. Eine Vermehrung aus Samen ist aber problemlos. Die Wurzel der Wegwarte kann als Kaffeebohnenersatz dienen (Zichorienkaffee). Alle Pflanzenteile sind Bestandteil blutreinigender Tees.

WERT Wichtiger Pollenspender für die Wintervölker der Honigbiene und über 30 Wildbienenarten, Nektarquelle für Schmetterlinge und auch Schwebfliegen.

Kartäuser-Nelke

Dianthus carthusianorum

↑20–60 cm ✿ 6–10

Wird auch Stein-Nelke genannt.

WUCHS Zarte Polsterpflanze, die Blüten ragen an zarten Stielen über das Laubpolster hinaus.

BLÜTE Typische Nelkenblüten in auffallendem Pink.

PFLEGE Lässt man die Samenstände stehen, vermehrt sie sich gut durch Aussaat.

VERWENDUNG Auf kalkhaltigen, nur sonnigen, nur nährstoffarmen Böden, anderweitig nicht konkurrenzstark. Ausschließlich mit zarten Nachbarn wie Lein *(Linum perenne)* oder flach bleibenden Pflanzen wie Habichtskraut *(Hieracium pilosella)* kombinieren.

WERT Sehr wichtige Falterpflanze. Der Nektar sitzt an der Basis der langen Röhrenblüten und ist so von über 35 Schmetterlingsarten zu erreichen, z.B. Zitronenfalter, Hummelschwärmer und Schwalbenschwanz. Anderen Insekten, sogar den beißkräftigen Hummeln, ist der Weg verwehrt.

ARTEN Auf sauren Böden ist die Heide-Nelke *(D. deltoides)* mit ihren weiß gepunkteten Blüten das Pendant zur Kartäuser-Nelke. Oft erhältlich und gut duftend, aber konkurrenzschwach ist die Sand-Nelke *(D. arenarius).*

Bienen-Kugeldistel

Echinops sphaerocephalus

↑60–130 cm ✿ 6–8

Heißt auch Drüsige Kugeldistel.

WUCHS Triebe sparrig verzweigt, Blätter dornig gezähnt.

BLÜTE Aus vielen Einzelblüten bestehender, kugeliger Gesamtblütenstand.

PFLEGE Lassen Sie die Samenstände über den Winter stehen, die Samen sind bei Vögeln sehr begehrt.

VERWENDUNG Als Leitstaude auf sonnigen, trockenen Standorten. Sie braucht aber etwas mehr Nährstoffe. Am besten geben Sie beim Pflanzen 1–2 Schäufelchen Kompost in die Pflanzgrube.

WERT Wird von Honigbienen und Hummeln geradezu belagert, am Nektar saugen auch Falter wie Tagpfauenauge, Kleiner Fuchs, Distelfalter und Ochsenauge.

ARTEN/SORTEN Die Ruthenische Kugeldistel (*Echinops ritro* subsp. *ruthenicus)* bleibt kleiner und benötigt weniger Nährstoffe, ihre Blüte ist intensiver blau, besonders bei 'Veitch's Blue'. Die Garten-Kugeldistel *(Echinops bannaticus)* trägt große, violettblaue Blütenköpfe.

Natternkopf

Echium vulgare

↑30–100 cm ✿ 6–10

Der Natternkopf ist zweijährig bis kurzlebig, das heißt, er bildet im ersten Jahr nur eine flache Blattrosette und blüht erst ab dem zweiten Jahr.

WUCHS Buschig, aufrecht, borstige Haare auf Stängeln und Blättern.

BLÜTE Große, ährenförmige Blütenstände mit attraktiven Blüten, die ihre Farbe von Rosa über Violett nach Blau ändern. Es gibt natürliche, weiß oder rosafarben blühende Varianten.

PFLEGE Nach Rückschnitt treibt der Natternkopf oft noch 1–3 weitere Jahre aus.

VERWENDUNG Er ist ein typischer Besiedler von Sekundärbiotopen wie Straßenrändern, macht sich aber wunderbar im Steingarten. Er braucht zum Aussamen offenen Boden. Das Ausgraben der Pflanze ist aufgrund seiner tief reichenden Pfahlwurzel nicht sinnvoll.

WERT Wichtige Insektenpflanze für Bienen, Schwebfliegen und mehr als 40 Falterarten, z.B. Schwalbenschwanz, Zitronenfalter, Bläulinge, Widderchen. Über 40 Wildbienen nutzen ihn, 3 Mauerbienenarten verwenden nur den blauen (!) Natternkopfpollen als Nahrung für ihre Brut.

Zypressen-Wolfsmilch

Euphorbia cyparissias

↑20–30 cm ✿ 4–5

Der Milchsaft aller Wolfsmilchgewächse ist giftig!

WUCHS Die Pflanze bildet 2 verschiedene Triebarten. Die Nichtblühenden sehen zypressenartig aus, mit dünnen, lanzettlichen Blättern, die Blühenden bilden knapp unter den Blüten kleine Hochblätter aus. Die Pflanze zeigt eine schöne orangerote Herbstfärbung.

BLÜTE Was wie eine Blüte wirkt, sind vor allem die Hochblätter. Die Blüte an sich ist unauffällig.

PFLEGE Nicht im Herbst zurückschneiden. Der Wolfsmilchspinner überwintert an der Pflanze als Raupe im Ei, der Wolfsmilchschwärmer als Puppe in Bodennähe.

VERWENDUNG Als Bodendecker zwischen Hochstauden wie Natternkopf *(Echium vulgare)*, Wegwarte *(Cichorium intybus)* oder Malven gut geeignet. Sie neigt zum Wuchern, deshalb nicht zu zarten Arten wie Lein oder Nelken pflanzen.

WERT Raupenfutterpflanze des Wolfsmilchschwärmers.

SORTEN 'Fen's Ruby', mit schönem, rotem Austrieb.

Kleines Mädesüß

Filipendula vulgaris

↑30–60 cm ✿ 6–7

Wird wegen ihrer verdickten Wurzeln auch Knolliges Mädesüß genannt.

WUCHS Flache Blattrosetten mit je einem Blütenstand.

BLÜTE Cremeweißer Blütenstand aus zahlreichen Einzelblüten mit mandel-bis honigartigem, charakteristischem Duft.

PFLEGE Über den Winter stehen lassen, die Samen schmecken Distelfink und Co.

VERWENDUNG In Stein- und Kiesgärten schön in Gruppen mit ca. 9 Stück pro m^2 zu verwenden, absolut unempfindlich gegen Trockenheit, vermehrt sich gut durch Aussamen und eignet sich auch für trockene Wiesen. Blüten und junge Blätter enthalten Salicylsäure, sie können als Tee gegen Fieber genutzt werden: wirkt wie Aspirin, verursacht aber keine Magenschmerzen. Es gibt aber Menschen, die auf Salicylsäure jedweder Herkunft allergisch reagieren. Sträuße von blühendem Kraut sind frisch und getrocknet gut als Raumduft zu verwenden.

WERT Sehr beliebt bei Honigbienen. Imker reiben neue Bienenstöcke mit Mädesüß ein, um die Bienen anzulocken. Käfer und Schwebfliegen nutzen die Pflanze als Nahrungsquelle.

Blut-Storchschnabel

Geranium sanguineum

↑15–40 cm ✿ 5–8

WUCHS Die tief geschlitzten Blätter bleiben flach am Boden, die Blüten erheben sich darüber. Das Laub zeigt eine attraktive, rötliche Herbstfärbung.

BLÜTE Auffällig purpurn.

PFLEGE Bei Rückschnitt blüht die Pflanze von Mai bis manchmal sogar in den September hinein.

VERWENDUNG Nur auf sonnigen, nährstoffarmen, aber kalkreichen Böden pflanzen. Gut als Bodendecker zwischen höheren Stauden wie Kugeldistel, Wegwarte, Steppen-Salbei oder Malven; schön in der oft am Naturstandort vorkommenden Kombination mit Ochsenauge.

WERT Schwebfliegen, (Wild-)Bienen, Schmetterlinge und Käfer nutzen den Blut-Storchschnabel, der in Deutschland auf Naturstandorten gefährdet ist.

SORTEN Es gibt natürlich vorkommende weiße Varianten, aber auch zahlreiche Sorten wie 'Elke' mit weißem Auge, die langblühende 'Tiny Monster' in Violett-Rosa oder 'Max Frei', eine leuchtend rote Sorte.

Kleines Habichtskraut

Hieracium pilosella

↑10–30 cm ✿ 5–9

WUCHS Niedrig bleibender Bodendecker aus der Familie der Korbblütler *(Asteraceae)*; behaarte Blattrosette, Blüte auf graufilzigem Stängel, vermehrt sich sehr gut durch Ausläufer.
BLÜTE Die Korbblüte zeigt ein auffälliges Zitronengelb. Bis zu 60 Zungenblüten sitzen in einem Körbchen.
PFLEGE Absolut pflegefrei!
VERWENDUNG Für nährstoffarme und eher trockene Standorte, wächst sehr gut in Schotterrasen und trockenen Blumenrasen, als Fugenbepflanzung von Wegen, in den Fugen von Trockenmauern und als Bodendecker in mageren Staudenbeeten; gedeiht bis auf 2.000 m Höhe.
WERT 30 Wildbienenarten und über 20 Falterarten, darunter Postillon und Feuerfalter, besuchen die Pflanze.
ARTEN Das Orangerote Habichtskraut *(H. aurantiacum)* ist eine der wenigen heimischen Pflanzen mit orangefarbenen Blüten. Es braucht etwas mehr Feuchtigkeit als *H. pilosella*, seine Blätter sind länger, schmäler und leicht aufgestellt. Es passt sehr gut zu blau blühenden Stauden wie Salbei-Arten *(Salvia* spp.). Bei Insekten ebenso beliebt wie *Hieracium pilosella.*

Echtes Johanniskraut

Hypericum perforatum

↑30–60 cm ✿ 6–8

Wird auch Tüpfel-Hartheu genannt, wegen der punktförmigen Öldrüsen, die man deutlich sieht, wenn man die Blätter gegen das Licht hält.
WUCHS Wächst streng aufrecht, verzweigt sich erst im oberen Drittel, Laub oval-eiförmig.
BLÜTE Die leuchtend gelben Blüten mit den attraktiven Staubblättern öffnen sich um den Johannistag (24. Juni).
PFLEGE Über den Winter stehen lassen, die Samen fallen manchmal erst sehr spät aus.
VERWENDUNG Auf nicht ganz nährstoffarmen Standorten, am besten im Beet in Mischpflanzungen und in jeder Blumenwiesenmischung. Heilpflanze zur Stimmungsaufhellung, kann phototoxisch wirken.
WERT Wertvolle Pollenblume für Bienen, Hummeln und Schwebfliegen, produziert aber keinen Nektar.
ARTEN Das Niedrige Johanniskraut *(Hypericum calycinum)*, ein aus Südosteuropa stammender immergrüner Halbstrauch, ist gut geeignet als Bodendecker.

Ysop

Hyssopus officinalis

↑30–50 cm ✿ 7–10

WUCHS Der aus Südeuropa stammende Halbstrauch verholzt im unteren Bereich. Er hat schmale, längliche Blätter, die zart silbrig überhaucht sind.
BLÜTE Ysop gehört zur Familie der Lippenblütler *(Lamiaceae)*. Die Einzelblüte ist maximal 1cm lang, da aber viele aneinandergereiht sind, ist Ysop durchaus eine attraktive Ergänzung im Kräuterbeet.
PFLEGE Unempfindlich auf trockenen, wasserdurchlässigen Standorten. Schneiden Sie ihn 1–2-mal im Jahr in Form, aber nicht ins alte Holz, das verträgt er nicht.
VERWENDUNG Ysop wird schon seit dem frühen Mittelalter als Küchen- und Heilkraut genutzt, z.B. von Hildegard von Bingen. Er enthält Wirkstoffe, die bei Magen-, Darm- und Kreislaufbeschwerden hilfreich sein sollen. Bei Zahnfleischentzündungen soll Spülen mit Ysoptee helfen. Als Gewürz passt Ysop in Soßen zu Fisch, Wild und Geflügel, sollte aber nie mitgekocht werden. Ysop ist in hohen Dosen giftig und nicht geeignet für empfindliche Personen und Schwangere.
WERT Honigbienen, Hummeln und mehrere Wildbienenarten lieben ihn, besonders wenn Sie ihn knapp nach der Blüte ernten und er so zu einer Nachblüte kommt.

Deutsche Schwertlilie

Iris × germanica

↑30–100 cm ✿ 5–6

Eine alte Kulturhybride aus *Iris lutescens* und *Iris mesopotamica*, auch Ritter-Schwertlilie genannt. Tritt an sonnigen Böschungen und Mauern verwildert auf.
WUCHS Das kräftige Rhizom der Pflanze kriecht auf und knapp unter der Erde, das Laub ist schwertförmig.
PFLEGE Nicht zu tief in sandige Erde setzen, am besten nicht zurückschneiden. Vermehrung durch Abtrennen von Rhizomstücken.
VERWENDUNG Schön als Leitstaude zwischen niedrigeren Pflanzen. Die Wurzeln werden wegen ihres Duftes auch »Veilchenwurzeln« genannt. Sie sollen beim Zahnen helfen und gegen Entzündungen wirken, daraus wird auch ätherisches Öl für Kosmetik gewonnen.
WERT Wird von Hummeln und Schwebfliegen bestäubt.
ARTEN/SORTEN Es gibt viele bunte Sorten, z.B. 'Bayberry Candle' in Gelb, 'Camelot Rose' in Pink, 'Black Dragon' in Violett. Die Bunte Schwertlilie *(Iris variegata)* mit gelb/braunroter Blüte wird nur bis 40cm hoch.

Wiesen-Witwenblume

Knautia arvensis

↑25–75 cm ✿ 7–8 ★

WUCHS Die ganze Pflanze ist leicht rau behaart und zeigt einen aufrechten Wuchs.

BLÜTE Duftende, flache Blütenkissen mit größeren Blütenblättern am Rand.

PFLEGE Ein Rückschnitt gleich nach der Blüte führt zur Nachblüte. Danach bis zum nächsten Frühjahr stehen lassen, denn die Samen sind ein gutes Vogelfutter.

VERWENDUNG Bis zu einer Höhenlage von 1.500 m sehr variabel einsetzbar (Joker); in Blumenwiesenmischungen unerlässlich, aber auch in naturnahen gemischten Beeten in Gruppen gepflanzt sehr schön. Setzen Sie immer mindestens 5 Exemplare zusammen.

WERT Sehr beliebt bei Bienen, Schwebfliegen und Schmetterlingen, besonders bei verschiedenen Widderchen-Arten.

ARTEN/SORTEN Wegen ihrer aparten Farbe oft gepflanzt wird die vom Balkan stammende Purpur-Witwenblume (*Knautia macedonica*). Sie blüht in kräftigem Purpur bis weit in den Herbst hinein. Sie wächst höher, sparriger und raumgreifender als *K. arvensis*. Mit 'Mars Midget' ist aber eine kompakt bleibende Sorte mit max. 40 cm Höhe auf dem Markt.

Lavendel

Lavandula angustifolia

↑20–60 cm ✿ 7–8

Lavendel stammt aus dem Mittelmeerraum und wächst als Halbstrauch, das heißt, die älteren Triebe verholzen.

WUCHS Kompakt, buschig; graufilzige, behaarte Triebe, schmale graugrüne Blätter.

BLÜTE Duftende, violette Lippenblüten.

PFLEGE Formschnitt im Frühjahr nach dem Frost, ein zweites Mal nach der Blüte; nie ins alte Holz schneiden, das verträgt er nicht. Da er immergrün ist, in kalten, sonnigen Wintern ab und an gießen (Frosttrocknis).

VERWENDUNG Im Bauerngarten oder Kiesgarten, als Beeteinfassung, zur Grabgestaltung oder auf dem Balkon. Nützlich als Nervenmedizin, Verdauungshilfe und Duftstoff; Aus den Blüten kann man Sirup bereiten.

WERT (Wild-)Bienen, Schwebfliegen und viele Schmetterlinge, wie z.B. Tagpfauenauge, besuchen die Pflanze.

SORTEN 'Arctic Snow' mit weißen Blüten, 'Hidcote Blue' mit sehr dunklen Blüten und kompaktem Wuchs, niedere Sorten wie 'Dwarf Blue' oder rosafarbene wie 'Rosea'.

Thüringer Strauchpappel

Lavatera thuringiaca

↑50–120 cm ✿ 7–10

Eine spät und ausdauernd blühende Art aus der Familie der Malvengewächse *(Malvaceae)*.

WUCHS Schmal, aber buschig aufrecht, mit silbrig behaarten Laubblättern.

BLÜTE Blassrosa, Durchmesser der Einzelblüte bis zu 8 cm, bis Oktober erscheinen immer neue Blüten.

PFLEGE Kein Rückschnitt im Herbst, in den hohlen Stängeln überwintern Insekten.

VERWENDUNG Die Pflanze verträgt auch mehr Nährstoffe und nicht ganz so trockene Böden, auf solchen Böden wird sie aber oft von anderen Stauden zurückgedrängt. Sie fungiert als prächtige Leitstaude im gemischten Beet und passt, wie alle Malven, auch im Bauerngarten gut. Schön in Kombination mit blau blühenden Blumen.

WERT Vor allem Hummeln, aber auch Schwebfliegen, Bienen und Wollschweber besuchen die Pflanze, sie ist Raupenfutterpflanze für den Malven-Dickkopffalter.

ARTEN Die nichtheimische Buschmalve *(L. olbia)* wird als Art bis 140 cm hoch, es gibt davon die Sorte 'Baby Barnsley', sie bleibt mit bis zu 70 cm Höhe kleiner.

Wiesen-Margerite

Leucanthemum vulgare

↑30–50 cm ✿ 5–9

Bildet ein Aggregat (Sammelart) mit ähnlichen Arten.

BLÜTE Korbblüte mit weißen Zungenblüten und gelben Röhrenblüten im Zentrum.

PFLEGE Nach der Blüte mähen, dann folgt eine Nachblüte. Diese sollte aussamen, da das Individuum nur wenige Jahre lebt und die Margerite nur durch Verjüngung im Bestand erhalten bleibt.

VERWENDUNG Darf in keiner Blumenwiese und in keinem Bauerngarten fehlen; schön als Blüteninsel im Rasen oder vor einer Hecke. Nur in Gruppen von mind. 5 Stück oder als Flächenpflanzung wirkungsvoll.

WERT Guter Landeplatz und Nahrungsquelle für Wildbienen, Fliegen, Käfer, Wespen und rund 40 Tagfalterarten wie Kleinen Fuchs, Distelfalter, Dickkopffalter und mehrere Bläulinge; die Falter trinken den Nektar.

ARTEN/SORTEN Die Garten-Margerite *(Leucanthemum × superbum)* ist eine Zuchtsortengruppe mit (halb-)gefüllten Blüten. Sie sind für Insekten uninteressant.

Echtes Leinkraut

Linaria vulgaris

↑30–60 cm ✿ 6–10

Wird auch Kleines Löwenmaul genannt.
WUCHS Zartes, aufrecht wachsendes Pflänzchen mit Wurzeln bis zu 1 m Länge, bildet Ausläufer.
BLÜTE Traubiger Blütenstand in hellem Gelb mit orangem Saftmal auf jeder Einzelblüte.
PFLEGE Nicht mähen, besser aussamen lassen, denn das Individuum ist kurzlebig, verbreitet sich aber schön mittels Samen.
VERWENDUNG Locker zwischen Leitstauden auf trockenen, nicht ganz mageren Böden oder in Kombination mit Thymianen *(Thymus* spp.) und Stauden-Lein *(Linum perenne)*; schöner Dauerblüher bis in Höhenlagen von 1.500 m. Taucht als Streupflanze überall auf, wo der Boden offen ist, auch an Wegrändern und auf Schotterflächen. Eignet sich auch für Balkonkästen.
WERT Schmetterlinge, wie das Taubenschwänzchen, werden vom Saftmal angelockt, genau wie Bläulinge, Dickkopffalter und langrüsselige Hummeln.
ARTEN Das Alpen-Leinkraut *(Linaria alpina)* zeichnet sich durch intensiv violette Blüten mit orangefarbenem Saftmal aus; eine schöne Pflanze für Steingärten, aber kurzlebig, man muss auf Nachsaat achten.

Gelber Lein

Linum flavum

↑20–50 cm ✿ 6–7

Wird auch Goldflachs genannt.
WUCHS Zierlich, aufrecht, leicht verholzend; Laub dunkelgrün, schmal.
BLÜTE Leuchtend gelb, bis zu 15 Stück in Trugdolden.
VERWENDUNG *Linum flavum* verträgt weder Nässe noch viele Nährstoffe, ist aber kalkliebend. Gedeiht auf stickstoffarmen, warmen Standorten nur bis zu einer Höhenlage von maximal 600 m. Sehr schön als Begleitstaude, besonders zusammen mit blau blühenden Pflanzen wie Wegwarte *(Cichorium intybus)*, Natternkopf *(Echium vulgare)* oder Wiesen-Salbei *(Salvia pratensis)*.
WERT Die Honigbiene und einige Wildbienenarten nutzen den Gelben Lein zur Nektar- und Pollenernte.
SORTEN Im Handel erhältlich ist meist die Sorte *Linum flavum* 'Compactum', die nur 20 cm hoch und besonders buschig wird. Setzen Sie sie in Gruppen. Für eine flächige Pflanzung brauchen Sie 11 Stück pro m², sie verbreitet sich gut durch Ausläufer.

Stauden-Lein

Linum perenne

↑30–60 cm ✿ 5–7

Am Naturstandort sehr selten geworden und daher streng geschützt!
WUCHS Mehrere zarte Stängel wachsen aufrecht aus dem Zentrum. Die Pflanze hat feinfedriges Laub.
BLÜTE wunderschönes, zartes Hellblau, das bei Wildpflanzen selten vorkommt.
VERWENDUNG Reagiert empfindlich auf zu viele Nährstoffe und zu viel Wasser; immer auf durchlässige Böden setzen; gedeiht nur bis zu einer Höhenlage von maximal 400 m. Passt gut in Kies- und Steingärten, allerdings nur in Kombination mit anderen zartwüchsigen Arten wie Kartäuser-Nelke *(Dianthus carthusianorum)* oder Bodendeckern wie Thymian *(Thymus* spp.), da er sehr konkurrenzschwach ist; auf Balkonen nur, wenn sie eher windabgewandt sind. Wurde früher wie der einjährige Flachs *(Linum usitatissimum)* zu Leinen verarbeitet.
WERT Wertvoll für die Honigbiene. Wie beim Flachs besteht die höchste Nektar-Konzentration am frühen Vormittag; wird auch von einigen Wildbienen besucht.
SORTEN 'Album' bekommt weiße Blüten.

Hornklee

Lotus corniculatus

↑5–40 cm ✿ 6–9

Die Insektenpflanze schlechthin!
WUCHS Verzweigend, mit eher niederliegenden Trieben und ovalen Blättchen. Die Wurzeln reichen bis 1 m tief.
PFLEGE Rückschnitt gleich nach der Blüte verhindert zu starkes Versamen und fördert eine Nachblüte; mit mehrmaligem Schnitt kann man die Blüte bis Oktober ziehen.
VERWENDUNG Schöne Begleitstaude, die aber zum Wuchern neigt. Als Schmetterlingsblütler kann sie mithilfe von Knöllchenbakterien Luftstickstoff binden und als Nährstoff nutzen; passt in Blumenwiesen und Kies- bzw. Steingärten, gut auch in Balkonkästen. Die Pflanze ist anspruchslos, nur fette Böden verträgt sie nicht.
WERT Bis zu 57 Wildbienenarten nutzen den Hornklee, darunter 13 Spezialisten, die nur auf Schmetterlingsblütlern sammeln; die Honigbiene sammelt seinen Pollen, bis zu 10 % ihrer Tagesausbeute kann vom Hornklee stammen; mehr als 50 Schmetterlingsarten saugen den Nektar, z.B. Bläulinge und Perlmuttfalter.

Moschus-Malve

Malva moschata

↑20–60 cm ✿ 6–10

WUCHS Buschig, kräftig, kompakt. Die Pflanze ist sehr standfest, aber nur auf nährstoffarmen Böden. Die oberen Laubblätter sind bis zum Grund geteilt, die unteren nur handförmig bis zur Mitte.
BLÜTE Blassrosa Blüten, Dauerblüher mit zartem Duft.
PFLEGE Über den Winter bis ins nächste Jahr stehen lassen, da die Stängel von Insekten zum Überwintern genutzt werden.
VERWENDUNG Im Kiesgarten als Leitstaude oder im Bauerngarten. Gedeiht nur auf mageren Böden bis zu einer Höhenlage von 1.000 m.
Wurzeln, Blüten und Laubblätter können zu Hustentee verarbeitet werden, ihre Inhaltsstoffe wirken insgesamt entzündungshemmend.
WERT Wird vor allem von Hummeln besucht, aber auch von Honig- und Wildbienen, Schwebfliegen und dem Wollschweber. Die Pflanze ist Raupenfutterpflanze für den Malven-Dickkopffalter.
SORTEN Eine schöne natürliche Varietät ist als Sorte 'Alba' im Handel erhältlich. Sie wird auch von tagaktiven Nachtfaltern wie dem Taubenschwänzchen besucht.

Großes Pfeifengras

Molinia arundinacea

↑100–250 cm ✿ 7–9 ★

Auch Rohr-Pfeifengras genannt.
WUCHS Straff aufrecht, kann manchmal bis zu 2,5 m hoch werden, bildet große Horste. Zeigt eine schöne orange-braune Herbstfärbung.
PFLEGE Über den Winter nur locker zusammenbinden, denn Tiere überwintern zwischen den Halmen.
VERWENDUNG Kann als Strukturbildner in Beeten sogar im lichten Halbschatten an Gehölzrändern verwendet werden; bis in Höhenlagen von 2.000 m pflanzbar. Verträgt Wechselfeuchte ebenso wie Trockenheit, deshalb ein absoluter Joker.
WERT Als Nahrung für Insekten wertlos, aber als Unterschlupf und Winterquartier wichtig.
SORTEN Die sehr schöne Sorte 'Karl Foerster' ist standfest mit breiteren Blättern und rötlicher Herbstfärbung. 'Windspiel' zeigt eine gelbe Herbstfärbung. Die Sorte 'Transparent' ist zarter und wird nicht ganz so hoch. Die Halme der Sorte 'Fontäne' biegen sich nach außen.

Echter Dost

Origanum vulgare

↑20–60 cm ✿ 7–9

WUCHS Buschig, neigt bei zu nährstoffreichem Boden zum Umfallen.
BLÜTE Dauerblüher mit immer neu aufblühenden, rosafarbenen bis purpurnen Lippenblüten.
PFLEGE Laufender Rückschnitt – sprich Ernte – führt zur Dauerblüte.
VERWENDUNG Im Bauerngarten auf eher mageren Böden oder in Blumenwiesen; im Beet schön zu Hornklee *(Lotus corniculatus)*, Salbei *(Salvia* spp.) oder Flockenblume *(Centaurea jacea)*; für windabgewandte Balkone geeignet. Wird als Gewürz und Heilpflanze genutzt.
WERT Der Echte Dost enthält Nektar mit einem Zuckergehalt von bis zu 75 %. Er wird von Honig- und Wildbienen, Schwebfliegen, aber auch von Faltern wie Ochsenauge, Weißlingen und Schachbrettfalter besucht. Er sollte als Insektenmagnet in keinem Naturgarten fehlen.
SORTEN Die Sorte 'Compactum' ist kleiner und standfester. Der Majoran *(O. majorana)* wird auch als Gewürz verwendet, ist aber einjährig und bei uns nicht winterhart. Ein guter Kompromiss ist Sizilianischer Oregano *(Origanum × majoricum)*, der geschmacklich näher am Echten Majoran ist, dabei aber so winterhart wie Dost.

Hirsch-Haarstrang

Peucedanum cervaria

↑60–100 cm ✿ 7–9

WUCHS Jede Pflanze zeigt mehrere, straff aufrechte Stängel, die je nach Standort bis zu 150 cm hoch werden; Tiefwurzler bis 1,5 m.
BLÜTE Cremeweiße Dolden.
PFLEGE Abgeblühte Pflanze über den Winter stehen lassen, die Stängel werden von Insekten besiedelt, die Samen von Vögeln gefressen.
VERWENDUNG Als Leitstaude in Beeten oder als Auflockerung vor Hecken. Kommt auch im lichten Halbschatten zurecht. Er versamt sich zwar stark, Jungpflanzen sind aber leicht zu jäten.
WERT Ein wahrer Insektenmagnet! Die Dolden mit bis zu 15 cm Durchmesser sind ein ausgezeichneter Landeplatz. Besonders beliebt bei (Wild-)Bienen, Fliegen, Schwebfliegen, Käfern, Wespen und bis zu 20 Schmetterlingsarten, z. B. Kaisermantel und Landkärtchen.
ARTEN Auch der Echte Haarstrang *(Peucedanum officinale)* passt hier, aber er braucht etwas mehr Nährstoffe.

Frühlings-Fingerkraut

Potentilla neumanniana

↑5–15 cm ✿ 5–6

Attraktiver, lang blühender, teppichartiger Bodendecker.
WUCHS Flach, vermehrt sich gut durch Ausläufer, deckt die Erdoberfläche dicht mit glänzend dunkelgrünem Laub ab.
BLÜTE Leuchtend gelb, Blüten dicht an dicht.
VERWENDUNG Auf kalkhaltigen und vollsonnigen Standorten, z.B. als Bodendecker in Stein- und Kiesgärten; verhindert Anflug von unerwünschten Beikräutern und wird von Schnecken gemieden. Schön in Kombination mit Traubenhyazinthen *(Muscari)* oder anderen Frühjahrsblühern wie Krokussen *(Crocus* spp.), Kuhschelle *(Pulsatilla vulgaris)* oder Wald-Windröschen *(Anemone sylvestris)*, die gleichzeitig blühen. Das Frühlings-Fingerkraut ist auch für windexponierte Balkone oder für extensive Dachbegrünung geeignet. Gut auch in Gruppenpflanzung zu 5–10 Stück.
WERT Honig- und Wildbienen nutzen vor allem den Pollen der Pflanze. Gezählt wurden rund 30 Wildbienenarten, dazu Schwebfliegen.Trotz des geringen Nektarangebots kommen auch einige Falter wie Weißlinge, Tagpfauenauge und Distelfalter zu Besuch.

Echte Schlüsselblume

Primula veris

↑10–30 cm ✿ 4–6

Auch Arznei-Schlüsselblume genannt.
WUCHS Die runzeligen Laubblätter bilden am Boden eine Blattrosette.
BLÜTE Ihre Blüten sind richtig dottergelb mit orangen Punkten, so unterscheidet sie sich gut von der Hohen Schlüsselblume *(Primula elatior)*.
VERWENDUNG Auf nährstoffarmen, kalkhaltigen, wasserdurchlässigen Böden im Beet und am Gehölzrand. Wird als Heilpflanze in Tees gegen Erkältung verwendet.
WERT Wichtiger Frühjahrsblüher, der Nahrung bietet für früh fliegende Hummeln, Hummelschweber und auch Schmetterlinge, die als Falter überwintern, wie Zitronenfalter und Kleiner Fuchs; Futterpflanze für mehrere Schmetterlingsraupen, darunter die des besonders gefährdeten Schlüsselblumen-Würfelfalters.
ARTEN/SORTEN Sie bildet mit der Stängellosen Schlüsselblume *(Primula vulgaris)* Hybriden in allen möglichen Kombinationen.

Steppen-Salbei

Salvia nemorosa

↑30–50 cm ✿ 6–9

WUCHS Aufrecht, kompakt und buschig. Laub lanzettlich und gegenständig.
BLÜTE Violettblaue Lippenblüten in langen, schlanken Kerzen.
PFLEGE Rückschnitt nach Blüte führt zur Nachblüte.
VERWENDUNG In mageren, kalkhaltigen Kiesbeeten, aber auch schön als Wegbegleitpflanze und zur Einfassung von Beeten. Pflanzen Sie 7–9 Stück pro m^2. Harmoniert gut in Kombination mit gelb blühenden Pflanzen wie Ochsenauge *(Buphthalmum salicifolium)* oder Hornklee *(Lotus corniculatus)*, aber auch mit rosa-violett blühenden Pflanzen wie Malven *(Malva* spp.) oder Storchschnabel *(Geranium* spp.).
WERT Besonders bei der Honigbiene, Hummeln und über 20 Wildbienenarten beliebt. Langrüsselige Schmetterlinge wie Schwalbenschwanz, Aurorafalter, Perlmuttfalter konsumieren nur den Nektar.
SORTEN 'Adrian' blüht weiß, 'Mainacht' blüht früh und dunkelviolett, 'Caradonna' zeigt schwarze Blütenstiele zu dunklen Blüten, 'Rosa' blüht rosafarben, 'Marcus' ist mit 30 cm sehr kompakt, 'Ostfriesland' wird oft zur Einfassung von Beeten genutzt.

Echter Salbei

Salvia officinalis

↑30–80 cm ✿ 5–7

WUCHS Immergrüner Halbstrauch, dessen Stängel in Bodennähe verholzen.
BLÜTE Violettblaue Lippenblüten.
PFLEGE Stammt ursprünglich aus dem Mittelmeerraum, benötigt daher in rauen Lagen Winterschutz; Rückschnitt jährlich, um die Form zu erhalten. Einen Schnitt ins alte Holz verträgt er schlecht. Die immergrünen Blätter verdunsten auch im Winter Wasser, daher in kalten, sonnigen Wintern gelegentlich gießen (Frosttrocknis).
VERWENDUNG Passt in moderne Gärten, im Bauerngarten oder als Einfassung im Gemüsebeet, denn Kohlweißling, Möhrenfliege und Schnecken meiden ihn. Wirkt entzündungshemmend und bei Halsschmerzen. In der Küche als Gewürz beliebt.
WERT Insektenbesuch wie bei Steppen-Salbei (s. o.).
SORTEN 'Berggarten' ist sehr breitblättrig, 'Purpurascens' hat violett überhauchtes Laub, 'Icterina' zeigt weiß/gelb panaschiertes Laub, 'Nana Alba' wird max. 50 cm hoch.

Wiesen-Salbei

Salvia pratensis

↑30–60 cm ✿ 5–9

WUCHS Aufrecht, mit grundständigen Blättern und vierkantigen Stängeln.
BLÜTE Bestäubung durch den sogenannten Salbei-Mechanismus. Steckt die Hummel ihren Saugrüssel in die Blüte, löst sie ein »Pollenschlagwerk« aus: Sie stößt an den kürzeren Hebelarm, dadurch wird der längere mit dem Pollen herabgebeugt und der Pollen fällt auf den haarigen Rücken der Hummel, wo er hängen bleibt und zur nächsten Blüte transportiert wird.
PFLEGE Zweitblüte nach Mahd oder Rückschnitt.
VERWENDUNG Auf kalkhaltigen, etwas nährstoffreicheren Böden als der Steppen-Salbei *(Salvia nemorosa),* für Blumenwiesen und magere Staudenbeete geeignet. Als Gewürz verwendbar, schmeckt aber deutlich weniger intensiv als der Echte Salbei *(Salvia officinalis)*.
WERT Nahrung für Hummeln, Honigbienen und über 20 Wildbienenarten; Nektar für Schmetterlinge wie Schwalbenschwanz, Aurorafalter und Perlmuttfalter.
SORTEN 'Rose Rhapsody' bildet rosafarbene Blüten, 'Swan Lake' ist eine Sämlingssorte mit leuchtend weißen Blüten.

Muskateller-Salbei

Salvia sclarea

↑80–100 cm ✿ 6–8

WUCHS Buschig aufrecht; Pflanze wird nur wenige Jahre alt, manchmal auch nur zweijährig.
BLÜTE Auffällige, große Lippenblüten, zweifarbig weiß und violett mit würzigem Duft.
VERWENDUNG Auf sonnigen, windgeschützten Standorten, verträgt keine Staunässe, stammt ursprünglich aus dem Mittelmeerraum, kommt in bis zu 2.000 m Höhe vor. Auch als Heil- und Gewürzpflanze verwendbar, dabei nicht so intensiv wie der Echte Salbei. Das duftende Öl wird in der Kosmetik und Aromatherapie verwendet.
WERT Wie alle Salbei-Arten sehr beliebt bei Insekten, besonderer Gast ist die Schwarzblaue Holzbiene; bei Reinbeständen guter Honigertrag von über 150 kg pro Hektar pro Blühsaison.
ARTEN/SORTEN Es gibt noch zahlreiche, bei uns nicht winterharte Salbei-Arten und -Sorten, z.B. Ananas-Salbei *(Salvia elegans)* in vielen Sorten oder den Enzian-Salbei *(Salvia patens)*.

Graues Heiligenkraut

Santolina chamaecyparissus

↑15–50 cm ✿ 7–8

Stammt ursprünglich aus dem Mittelmeerraum.
WUCHS Immergrüner Zwergstrauch aus der Familie der Korbblütler mit weißfilzigen, stark duftenden Blättern.
BLÜTE Honiggelbe, runde Blütenknöpfchen.
PFLEGE Jährlich nach der Blüte in Form schneiden, Rückschnitt in altes Holz verträgt die Pflanze nicht.
VERWENDUNG Für Steingärten, am Fuß von Trockenmauern, als Einfassung für Beete; es verträgt sich gut mit Lavendel *(Lavandula* spp.), Thymian *(Thymus* spp.) und Salbei *(Salvia officinalis)*, aber nur auf mageren, wasserdurchlässigen Böden. Die Pflanze eignet sich bei entsprechendem Substrat auch zur Grabbepflanzung oder für Balkone. In sonnigen, kalten Wintern besteht allerdings Gefahr von Frosttrocknis, deshalb dann bitte ab und zu gießen.
WERT Nahrungsquelle für Honigbienen und Falter.
SORTEN *Santolina × lindavica* 'Edward Bowles' ist eine Hybride aus *S. chamaecyparissus* und *S. pinnata*, dem Gefiederten Heiligenkraut. Sie blüht in hellem Schwefelgelb. *Santolina viridis*, das Olivenkraut, schmeckt und riecht nach eingelegten Oliven, es benötigt in rauen Lagen Winterschutz.

Berg-Bohnenkraut

Satureja montana

↑10–50 cm ✿ 8–10

Auch Winter-Bohnenkraut genannt.
WUCHS Kompakter immergrüner Halbstrauch, Stängel im bodennahen Bereich verholzt.
BLÜTE Weiße bis blassrosafarbene Lippenblüten.
PFLEGE Der jährlich sinnvolle Formschnitt dient gleichzeitig der Ernte.
VERWENDUNG Im Kräuter- und Gemüsegarten nur auf mageren, wasserdurchlässigen Böden, im Kiesgarten oder auf Trockenmauern.
In der Küche als verdauungsförderndes Würzkraut bei Hülsenfrüchten mitkochen.
WERT Nektar wird gerne von Bienen, Hummeln, Wespen und Schmetterlingen genutzt.
ARTEN/SORTEN Das Slowenische Winter-Bohnenkraut *(Satureja montana* 'Citriodora') mit zitronigem Aroma schmeckt weniger streng, eignet sich auch für Tees. Das Sommer-Bohnenkraut *(Satureja hortensis)* ist nur einjährig, im Aroma aber milder als Berg-Bohnenkraut.

Tauben-Skabiose

Scabiosa columbaria

↑20–60 cm ✿ 7–10

WUCHS Laubblätter nur auf den Blattadern behaart, sonst glatt, wichtiges Unterscheidungungsmerkmal zur Wiesen-Witwenblume *(Knautia arvensis)*, die sonst fast identisch aussieht.
BLÜTE Flach-hügelige Blütenköpfchen.
PFLEGE Wie Gelbe Skabiose (→ unten).
VERWENDUNG Sollte in jeder Blumenwiesenmischung enthalten sein, auch schön für Mischpflanzung in Beeten in Kombination mit Gelber Skabiose *(S. ochroleuca)*, Flockenblume *(Centaurea jacea)* und Salbei *(Salvia* spp.) oder mit Ochsenauge *(Buphthalmum salicifolium)* und Färber-Hundskamille *(Anthemis tinctoria)*.
WERT Sehr wertvoll für die Honigbiene als Herbstaufbautracht. Auch für Schwebfliegen und zahlreiche Wildbienen attraktiv, einige sind sogar auf Skabiosen und Witwenblumen spezialisiert, manche Hummeln trinken ihren Nektar bis Ende Oktober, Käfer fressen – nicht ganz im Sinne der Pflanze – Blütenteile und Pollen. Fast 50 Schmetterlingsarten aus allen Tagfalterfamilien, darunter Ritterfalter, Edelfalter und Bläulinge, konsumieren den Nektar; Futterpflanze für Raupen wie von Skabiosen-Schwärmer und Taubenschwänzchen.

Gelbe Skabiose

Scabiosa ochroleuca

↑20–60 cm ✿ 7–11

Gehört wie alle Skabiosen zu den Kardengewächsen.
WUCHS Stark verzweigt, aber eher zart.
BLÜTE Blassgelbe Blütenköpfchen.
PFLEGE Dauerblüte bei Rückschnitt bis Ende Oktober, die Samenstände bis in den nächsten Frühling stehen lassen, Teilbereiche sogar länger, da viele Insekten an der Pflanze überwintern und manche Schmetterlinge länger zur Entwicklung brauchen.
VERWENDUNG Wie Tauben-Skabiose (→ oben); besonders schön mit kräftig gefärbten Blütenpflanzen, wie Wiesen-Salbei *(Salvia pratensis)* oder Flockenblume *(Centaurea* spp.); flächig als Füllstaude zwischen Leitstauden mit 10–12 Stück pro m²; auch für lichten Halbschatten.
WERT Wie Tauben-Skabiose (→ oben).
ARTEN Die Duft-Skabiose *(Scabiosa canescens)* blüht bis in den November, die Glanz-Skabiose *(Scabiosa lucida)* bildet lilarosa Blüten, wird aber nur 30 cm hoch, sie ist deshalb gut für windige Lagen geeignet.

Purpur-Fetthenne

Sedum telephium

↑25–50 cm ✿ 7–10

Synonym: *Hylotelephium telephium*, eine Sammelart (Aggregat) aus der Familie der Dickblattgewächse.
WUCHS Buschig aufrecht, wächst aus einer dicken Rübenwurzel; Stängel und Blätter sind kahl, in den Blättern wird Wasser gespeichert.
BLÜTE Je nach Unterart blüht die Pflanze cremegelb, rosafarben oder purpurn.
PFLEGE Stängel und Blütenstände über den Winter stehen lassen, sie sehen bei Eis und Schnee hübsch aus.
VERWENDUNG Im Beet auf mageren, wasserdurchlässigen, etwas kalkhaltigen Böden, auf fetten Böden fallen die schweren Blütentriebe leicht um.
WERT Wichtige Nektarquelle für Honigbienen zum Aufbau des Winterbienenvolkes. Der Distelfalter tankt auf dem Weg nach Süden den Nektar und auch Tagpfauenauge, Scheckenfalter und Zipfelfalter lieben die späten Blüten.
SORTEN Idealerweise pflanzen Sie verschiedene Sorten mit unterschiedlichen Blütezeiten. 'Herbstfreude' mit flach gewölbten, altrosa bis rostroten Blütenschirmen und grünem Laub, 'Matrona' und 'Karfunkelstein' mit rosafarbenen Blüten und purpurnem Laub.

Aufrechter Ziest

Stachys recta

↑20–60 cm ✿ 6–10

Wird auch Berg-Ziest genannt.
WUCHS Aufrecht, mit kantigen Stängeln.
BLÜTE Lange Blühdauer, schöne cremeweiße bis blassgelbe Blüten in kerzenartigen Blütenständen.
PFLEGE Rückschnitt erst im Frühjahr.
VERWENDUNG Auf kalkreichen, trockenen, nährstoffarmen Böden; wurzelt bis zu 2 m tief, daher nicht für Gefäße geeignet; in Gruppen von mind. 5 Stück pflanzen, da die einzelnen Blüten nicht sehr auffällig sind.
WERT Nektar- und pollenreich, genutzt von Honigbiene und mind. 10 Wildbienenarten sowie zahlreichen Faltern z.B. Dickkopffalter, Tagpfauenauge, Ochsenauge.
ARTEN/SORTEN Der Woll-Ziest *(Stachys byzantina)* aus dem Kaukasus wird genauso gern von Honigbienen, Wollbienen und Blattschneiderbienen besucht. Mit seiner weißwolligen Behaarung polstert die Große Wollbiene ihre Brutzellen aus. Die Sorte 'Big Ears' bildet sehr große filzige Blätter und purpurne Blüten.

Edel-Gamander

Teucrium chamaedrys

↑10–30 cm ✿ 7–9

WUCHS Der Edel-Gamander ist ein wintergrüner Halbstrauch, er wächst kompakt und kugelig und vermehrt sich gut durch Ausläufer.
BLÜTE Zartrosa Lippenblüten, schön z. B. in Kombination mit dem Weißen Mauerpfeffer *(Sedum album)*.
PFLEGE Die älteren Teile verholzen und sollten nicht ganz bodennah abgeschnitten werden. Ein jährlicher Rückschnitt knapp über den verholzten Trieben bewahrt die schöne, kompakte Form.
VERWENDUNG Sehr kalkliebend und gut für die Bepflanzung von Trockenmauern geeignet. Er bildet zu seiner Wasserversorgung am trockenen Naturstandort bis 1 m lange Wurzeln. In Balkonkästen muss er deshalb ab und zu gewässert werden. Da er auch im Winter über die immergrünen Blätter Wasser verdunstet, sollte er bei sonnigem Wetter gelegentlich gegossen werden. Eignet sich auch für etwas nährstoffreichere Standorte, z.B. als Beeteinfassung, in etwa wie Lavendel.
WERT Bestäuber sind Honig- und Wildbienen, auch Hummeln und Schwebfliegen.
SORTEN Die Sorte 'Nanum' bleibt sehr klein (bis 15 cm) und wächst teppichartig.

Arznei-Thymian

Thymus pulegioides

↑2–10 cm ✿ 7–8

Wird auch Quendel oder Feld-Thymian genannt.
WUCHS Ausdauernder Halbstrauch, Stängel nur bodennah verholzt, mit der Zeit bildet er Matten.
BLÜTE Unzählige purpurviolette Lippenblütchen.
PFLEGE Rückschnitt regelmäßig durch die Beerntung.
VERWENDUNG Im Kräutergarten nur auf sehr durchlässigen, mageren Böden. Die Wurzel kann zwar bis 1 m lang werden, als Jungpflanze eingesetzt eignet er sich dennoch gut für Töpfe und Balkonkästen. Schön als Bodendecker in kiesigen Beeten zwischen höheren Stauden wie Kuhschelle, Salbei oder Kartäuser-Nelke; Als Küchengewürz für mediterrane Gerichte, als Heiltee und Inhalationsmittel bei Erkältung.
WERT Für Honigbienen wichtig als Herbstaufbautracht, auch Wildbienen und Schmetterlinge nutzen Thymiane.
SORTEN Es gibt viele Hybriden und Sorten mit verschiedenen Aromen, z.B. Orangen-Thymian *(Thymus fragrantissimus)* und Zitronen-Thymian *(Thymus × citriodorus)*.

Großblütige Königskerze

Verbascum densiflorum

↑50–120 cm ✿ 7–10

WUCHS Straff aufrecht, kandelaberartig verzweigt. Zweijährige Pflanze: bildet im ersten Jahr eine Blattrosette und blüht erst im zweiten Jahr, schneidet man sie gleich nach der Blüte bodennah ab, kann sie noch ein weiteres Jahr blühen. Blätter wollig-filzig behaart.
BLÜTE Die leuchtend gelben Blüten sitzen dicht an dicht an der Kerze.
PFLEGE Rückschnitt nach der Blüte. Für Insekten und Vögel ist es allerdings besser, sie so lange stehen zu lassen, bis sie von selbst zusammenbricht.
VERWENDUNG Sehr attraktive Leitstaude. Um jedes Jahr blühende Exemplare zu haben, müssen in 2 aufeinanderfolgenden Jahren Individuen gepflanzt werden. Bei offenem Boden vermehren sie sich danach selbst zuverlässig aus Samen.
Aus den Blüten lässt sich ein schweißtreibender Tee zubereiten, der auch Reizhusten lindert.
WERT Königskerzen produzieren keinen Nektar, aber ihre Pollen werden von Schwebfliegen, Honigbienen, Hummeln und Wildbienen genutzt. An den Blättern fressen Schmetterlingsraupen, wie z.B. jene des Braunwurz-Mönchs.

Ähriger Blauweiderich

Veronica spicata

↑20–40 cm ✿ 7–10

Synonym: *Pseudolysimachion spicatum*. Die Pflanze gehört zu den Wegerichgewächsen und ist am Naturstandort schon selten und gefährdet.
WUCHS Aufrecht, Stängel behaart.
BLÜTE Blauviolette Blüten in auffälligen, langen Ähren.
PFLEGE Pflanze bis zum Frühling stehen lassen, sie ist im Herbst und Winter ein schöner Strukturbildner.
VERWENDUNG In Blumenwiesen, im Beet nur auf kalkreichen, mageren, trockenen Standorten.
WERT Hauptbestäuber sind Honigbiene, Wildbienen, darunter allein 18 verschiedene Sandbienenarten, und Schwebfliegen; Nektarmenge und Zuckergehalt sind am frühen Vormittag am höchsten.
ARTEN/SORTEN 'Blauteppich' wird nur 10 cm hoch, 'Rosa Zwerg', blüht pink und wird nur 15 cm hoch, 'Silbersee' präsentiert tief violettblaue Blüten. Der Große Ehrenpreis *(Veronica teucrium)* hat wunderbar azurblaue Blüten, aber nur eine kurze Blütezeit im Juni und Juli.

Pechnelke

Viscaria vulgaris

↑30–60 cm ✿ 5–7

Synonym: *Lychnis viscaria.* Gehört zu den Leimkräutern *(Silene)* innerhalb der Familie der Nelkengewächse.
WUCHS Horstiger Wuchs mit aufrechten Blütenstielen; der Stängel ist unterhalb der Knoten klebrig, um pflanzenfressende Insekten wie Blattläuse abzuhalten, daher rührt ihr deutscher Name; lanzettliche Laubblätter.
BLÜTE Auffälliger, purpurner, traubiger Blütenstand mit pinkfarbenen Blüten.
PFLEGE Rückschnitt nach der Blüte führt zu einer schwächeren Nachblüte.
VERWENDUNG Auf eher kalkarmen oder neutralen Standorten, schön in Kombination mit Bodendeckern wie Thymian *(Thymus* spp.) oder dem Kleinen Habichtskraut *(Hieracium pilosella)*.
WERT Typische Tagfalterblume, z.B. als Nahrungsquelle für den Schwalbenschwanz; wird aber auch von Hummeln besucht. Kurzrüsselige Hummeln müssen die Kronröhren anbeißen, um an den Nektar zu kommen.
SORTEN 'Feuer' mit einfachen roten Blüten; 'Plena', mit gefüllten roten Blüten, ist nicht so insektenfreundlich.

Ökologisch wertvolle Gehölze für diesen Standort

Botanischer Name	Deutscher Name	Höhe, Blütezeit und Blütenfarbe
Amelanchier ovalis	Gemeine Felsenbirne	1–3 m, Apr–Mai, weiß
Buddleja davidii	Sommerflieder	2–5 m, Jul–Okt, violett
Colutea arborescens	Blasenstrauch	2–4 m, Mai–Aug, gelb-orange
Cornus mas	Kornelkirsche	2–6 m, Feb–Apr, gelb
Crataegus monogyna	Eingriffliger Weißdorn	2–6 m, Mai–Jun, weiß
Hippophae rhamnoides	Sanddorn	1–4 m, Apr–Mai, braun
Prunus mahaleb	Stein-Weichsel	2–4 m, Mai–Jun, weiß
Prunus spinosa	Schlehe	1–3 m, Apr–Mai, weiß
Rosa canina	Hunds-Rose	1,5–4 m, Jun–Jul, rosafarben
Rosa gallica	Essig-Rose	0,3–0,8 m, Mai–Jun, purpurfarben
Rosa glauca	Rotblättrige Rose	1–3 m, Jun–Jul, rot
Rosa pimpinellifolia	Bibernell-Rose	0,2–1 m, Mai–Jul, weiß

Eine formenreiche Pflanzung: Diptam *(Dictamnus albus)*, Steppen-Salbei *(Salvia nemorosa)*, Storchschnabel *(Geranium sanguineum* 'Album'), Gold-Schafgarbe *(Achillea filipendulina)*.

Kombinationsmöglichkeiten

Dieser Standort ist ein Eldorado für alle, die gerne Farben und Formen kombinieren. Die 55 Pflanzenarten, die wir vorgestellt haben, stammen aus 20 verschiedenen Pflanzenfamilien. Von Korbblütlern *(Asteraceae),* wie Schafgarben und Färberkamille, bis zu Ehrenpreisgewächsen *(Veronicaceae),* wie Blauweiderich. Die verschiedenen Pflanzenfamilien bieten nicht nur optische Abwechslung für uns, sondern auch Nahrung für viele Spezialisten unter den Wildbienen und Schmetterlingen. Bei so einer Auswahl gibt es Blüten quasi ohne Ende, jedenfalls von März bis Oktober. Das ist wichtig für unsere geflügelten Freunde: im Naturgarten wird durchgeblüht! Achten Sie schon bei der Planung darauf, dass es keine Blühlücken gibt. Alles Weitere bleibt Ihrem Geschmack überlassen. Bei dieser großen Auswahl an Pflanzen können Sie z.B. ein Farbbeet gestalten. Wer **sonnige Farben** liebt, kombiniert Arznei-Primel *(Primula veris)*, Färber-Hundskamille *(Anthemis tinctoria)*, Wundklee *(Anthyllis vulneraria),* Rindsauge *(Buphthalmum salicifolium)*, Orangerotes und Kleines Habichtskraut *(Hieracium aurantiacum* und *H. pilosella)*. Die zugegebenermaßen wuchernde Zypressen-Wolfsmilch *(Euphorbia cyparissias)* dient als verbindendes Element über die ganze Fläche verteilt.

Die blaue Blume der Romantik, die Wegwarte *(Cichorium intybus),* wäre das zentrale Element in einem **blauen Beet**. Die Wegwarte ist kurzlebig, die Mutterpflanze lebt nur 2–4 Jahre, versamt sich aber auf offenen kiesigen Böden gut. Ich pflanze sie als Leitstaude und Gerüstbildner über die Fläche verteilt. Als Kontrapunkt oder zweite Leitstaude passt die Deutsche Schwertlilie *(Iris germanica)*. Sie erhält ein paar Schäufelchen Kompost extra in die Pflanzgrube. Dazwischen sehen Inseln aus Knäuel-Glockenblume *(Campanula glomerata)*, Steppen-Salbei *(Salvia nemorosa)*, Wiesen-Salbei *(Salvia pratensis)* und einem oder beiden Ehrenpreisen *(Veronica spicata* und *V. teucrium)* gut aus. Als Bodendecker eignet sich der Arznei-Thymian *(Thymus pulegoides)* und als zarte Streupflanze der Lein (*Linum perenne*). Wollen Sie blau in blau bleiben, wählen Sie als Frühjahrsblüher Traubenhyazinthen *(Muscari* spp.), die im Herbst als Zwiebel gesteckt werden. Auch sie brauchen extra Kompost in die Pflanzgrube.

Weiß ist sozusagen eine neutrale Farbe und kann zu jedem Farbbeet kombiniert werden. So können Sie etwa die zwei nicht zu hoch werdenden Schafgarben *(Achillea millefolium* und *A. ptarmica)*, das Wald-Windröschen *(Anemone sylvestris)* oder das Kleine Mädesüß *(Filipendula vulgaris)* als verbindende Elemente flächig zwischen die anderen Stauden pflanzen. Die Moschus-Malve *(Malva moschata)* blüht eigentlich rosafarben, es kommen aber auch natürliche Weißlinge vor. Auch sie webt sich wunderschön zwischen Gerüstbildner wie Königskerze und Wegwarte. Gräser, die ja keine bunten Blüten treiben, können ebenfalls als verbindende und auch beruhigende Elemente eingesetzt werden.

Einige Gewürzkräuter gehören zu den Pflanzen dieses Standorts, es bietet sich an, sie gemeinsam in ein Beet zu pflanzen. Die Duftnesseln dienen als Leitstauden, ihre Blätter ergeben erfrischenden Tee.

Duftnessel (*Agastache* 'Purple Haze') und Schafgarbe (*Achillea filipendulina* 'Feuerland') schaffen hier einen knalligen Kontrast im Beet.

Zweijährige Arten wie Königskerzen sind auf Vermehrung durch Samen angewiesen. Damit Sie jedes Jahr blühende Exemplare haben, setzen Sie zwei Jahre nacheinander Pflanzen.

Wermut *(Artemisia absinthium)* und Eberraute *(Artemisia abrotanum)* wirken auch einzeln als Gerüstbildner, mehr braucht man davon auch nicht in der Küche. Die beiden Bergminzen *(Calamintha nepeta* und *C. grandiflora)* sind raumgreifende Begleitstauden, auch sie ergeben gute Tees und blühen bei regelmäßiger Ernte bis in den Herbst nach. Immer in der Küche brauchbar ist der Echte Dost (*Origanum vulgare)* und seine Sorten. Er neigt aber zum Wuchern. Die weiteren Küchenkräuter sind anders zu behandeln als Stauden. Sie sind Halbsträucher, d.h., man darf sie nicht bodennah abschneiden, sondern die Triebe nur jährlich in Form schneiden. Dazu zählen Echter Salbei *(Salvia officinalis)*, Bohnenkraut *(Satureja* spp.), Thymian *(Thymus* spp.) und Lavendel *(Lavandula angustifolia)*. Da sie anders gepflegt werden, setze ich sie immer in ein gesondertes Beet.

Die Kombination, die hier gezeichnet ist, ist eine **Kombination in Gelb, Blau und Violett**. Die Flockenblume ist ein Dauerblüher, besonders wenn man sie gleich nach der Blüte ca. 10 cm über dem Boden abschneidet, dann blüht sie bis zum Schneefall. Die Königskerze dominiert im Beet, der königsblaue Wiesen-Salbei ist ihr farblicher Kontrapunkt. Eine meiner Lieblingspflanzen ist die Gelbe Skabiose, ebenfalls ein Dauerblüher, manchmal bis in den Dezember hinein. Ihr blasses Gelb passt sich an alle anderen Farben an. Wer eher bei Violett bleiben möchte, ersetzt die Gelbe Skabiose durch ihre Schwestern Duft-Skabiose *(S. canescens)*, Tauben-Skabiose *(S. columbaria)* oder Glanz-Skabiose *(S. lucida)*.

Wer Wildblumenbeete in den Garten holt, wird ganz von selbst zum Botaniker. Die Wildstauden vermehren sich gut, solange ihnen offener Boden zur Verfügung steht, und das sollen sie auch. Wollen Sie in etwa das Bild im Beet halten, das ursprünglich geplant wurde, ist es gut, die Jungpflänzchen der Wunschpflanzen zu erkennen. Pflanzen Sie diese bei Bedarf um oder verschenken Sie die Pflänzchen. Unerwünschtes jäten Sie gnadenlos.

Pflanzvorschlag für ein 3 m² großes, freundliches Beet in Gelb, Blau und Violett

Anzahl	Name	Botanischer Name	J	F	M	A	M	J	J	A	S	O	N	D
5	Wiesen-Flockenblume	*Centaurea jacea*						X	X	X	X	X	X	
3	Blut-Storchschnabel	*Geranium sanguineum*					X	X	X	X				
7	Echte Schlüsselblume	*Primula veris*			X	X	X							
3	Wiesen-Salbei	*Salvia pratensis*					X	X	X	X	X			
6	Gelbe Skabiose	*Scabiosa ochroleuca*							X	X	X	X	X	
3	Aufrechter Ziest	*Stachys recta*						X	X	X	X	X		
3	Großblütige Königskerze	*Verbascum densiflorum*							X	X	X	X		

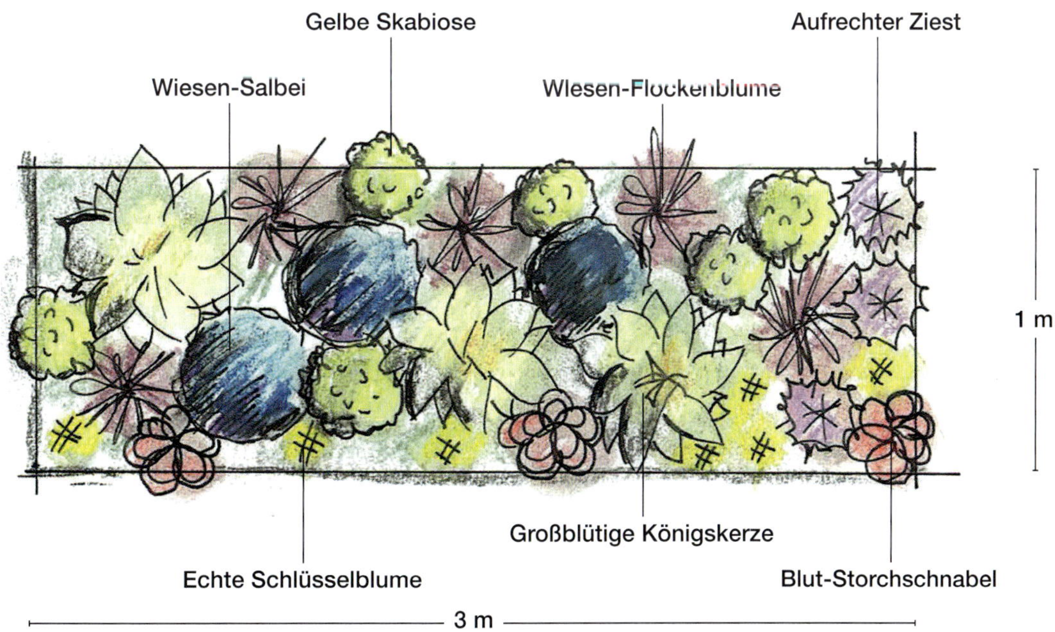

Ein Platz an der Sonne mit ausreichend Wasser und Nährstoffen ist das Schlaraffenland für die meisten Pflanzen, auch für den Rittersporn *(Delphinium* spp.) und Malven *(Malva* spp.)

Beste Bedingungen: viel Sonne, Wasser, Nährstoffe

Sonnig, frisch und nährstoffreich ist der ideale Standort für prächtige Blütenstauden. Er ist in fast allen Gärten vorhanden, nicht immer zur Freude von Liebhabern der mageren Blumenwiese. Hier ist alles in reichem Maß vorhanden: Sonnenlicht, Pflanzennährstoffe, genug Wasser, aber nicht zu viel, denn das bedeutet »frisch«. Ein Boden gilt als »frisch«, wenn er sich meist weder trocken noch richtig feucht anfühlt. Das hängt vom Niederschlag und der Wasserhaltefähigkeit des Bodens ab. Letztere kann durch Einarbeiten von Kompost verbessert werden. Pflanzen dieses Standorts vertragen weder längere Trockenheit noch ständige Feuchte. Meist ist der Boden auch noch lehmig, d.h., er kann das Wasser und die Nährstoffe speichern und sukzessive an die Pflanzen abgeben. Ideal wäre eine leichte Hanglage, damit es nicht zu Staunässe kommt. Auf so einem Platz ist alles möglich, das heißt, Sie können alle Pflanzen einplanen, die konkurrenzstark genug sind, um sich in diesem Markt voller Sonderangebote gegen die anderen Konsumenten durchzusetzen. Doch gerade hier müssen Sie einiges Pflanzenwissen einsetzen, denn zu diesem Kapitel gehören auch besonders durchsetzungskräftige Schnäppchenjäger.

Hübsch, aber sehr potent: der Samenstand des Schmalblättrigen Weidenröschens *(Epilobium angustifolium)*.

Der Bärenklau *(Acanthus spinosus)* nimmt, was er kriegen kann, und arrangiert sich, es darf aber auch gerne einmal mehr sein.

Vorsicht, durchsetzungsstark!

Das Schmalblättrige Weidenröschen *(Epilobium angustifolium)* beispielsweise fährt eine Doppelstrategie. Es vermehrt sich stark durch Ausläufer und taucht unerwartet überall im Staudenbeet auf. Zusätzlich produziert es unzählige Samen mit einem langen, feinen Haarschopf. Man bezeichnet solche Samen als »Schirmchenflieger«, wie mit einem Schirm werden sie vom Wind gerne auch mehrere Kilometer weit getragen. In der Natur sind sie klassische Besiedler von Kahlschlagflächen, im Garten Besiedler von praktisch allen Bereichen. Warum ich sie trotzdem gerne einplane, steht beim Pflanzenporträt (→ *S. 80)*. Ein weiteres Beispiel für Raumnahme sind alle Minzen *(Mentha* spp.), sie kriechen quasi in jedes Eck. Hier hilft die Kombination mit Starkwüchsigen wie Rainfarn *(Tanacetum vulgare)* oder Herzgespann *(Leonurus cardiaca)*. Oder Sie pflanzen Minzen in eigene, abgegrenzte Beete. Idealerweise ein Beet pro Minzart, da sie sich auch untereinander Konkurrenz machen. Die milde Apfel-Minze *(Mentha suaveolens)* hat in meinem Garten den Kampf gegen die Pfefferminze *(Mentha × piperita)* leider verloren. Gegen die Ausbreitung einer weiteren Teepflanze, der Zitronenmelisse *(Melissa officinalis)*, hilft nur regelmäßige Ernte, da sie sich auch wunderbar mittels Samen im ganzen Garten verbreitet.

Die Generalisten

Abgesehen von der Konkurrenzstärke haben die verschiedenen Pflanzen dieses Standorts auch noch eine große Bandbreite in Hinblick auf ihren Licht-, Wasser- und Nährstoffbedarf. Manche Gattungen wie Königskerzen *(Verbascum* spp.), Bärenklau *(Acanthus* spp.), Spornblume *(Centranthus ruber)* oder Katzenminze *(Nepeta* spp.) könnten auch problemlos auf nährstoffärmeren, trockeneren Böden stehen. Andere, wie Heil-Ziest *(Betonica officinalis)* oder das Schilf-Reitgras *(Calamagrostis epigejos)*, kommen auch mit feuchteren Böden zurecht. In Bezug auf das Lichtangebot vertragen es einige Pflanzen auch halbschattig, wie Fingerhut *(Digitalis* spp.), Feuer-Lilie *(Lilium bulbiferum)* oder Schneerose *(Helleborus* spp.). Und einige Arten nehmen sozusagen alles. Karden *(Dipsacus* spp.), Nachtkerzen *(Oenothera* spp.) oder Seifenkraut *(Saponaria officinalis)* finden sich in meinem Garten im fetten Hochstaudenbeet ebenso wie im Halbschatten unter den Rosen oder am Rand des trockenen Kiesweges. Es lohnt sich also, die Beschreibungen der einzelnen Pflanzen zu studieren und sie im Beet dann entsprechend zu kombinieren.

Gleichberechtigte Partner

Sie können auf diesem Standort nach dem Motto »Gleich und Gleich gesellt sich gern« arbeiten und lauter ähnlich wüchsige Arten zusammenpflanzen. Ein gutes Beispiel dafür wären Schmalblättriges Weidenröschen *(Epilobium angustifolium)*, Nachtkerze *(Oenothera* spp.), Karde *(Dipsacus* spp.) und Seifenkraut *(Saponaria officinalis)*, die einander in Schach halten. So ein Beet muss man kaum pflegen, diese Pflanzen wachsen einfach fröhlich durcheinander. Dort Ordnung oder Struktur aufrechtzuerhalten ist freilich kaum möglich. Wer schneller keimt und mehr Raum einnimmt, hat gewonnen. Ich habe so ein Beet, es scheint zugunsten von Weidenröschen und Karde auszugehen, es ist aber nichts für Ordnungsliebende. Bei den weniger wüchsigen Arten funktioniert das gut, ohne auszuufern. Eine bewährte Kombination besteht aus Phlox *(Phlox* spp.) in verschiedenen Sorten, die versetzt blühen, Roter Spornblume *(Centranthus ruber)*, Astern *(Aster* spp.) und Sonnenhut *(Echinacea* spp.). Gut und harmonisch funktioniert auch eine Mischung aus Bart-Nelken *(Dianthus barbatus)*, Alant-Arten *(Inula* spp.) und Roter Lichtnelke *(Silene dioica)*.

Würze im Beet

Für diesen Standort eignen sich auch einige Gewürzpflanzen. Bei Menschen wie Insekten beliebt sind Lauch-Arten, von Schnittlauch *(Allium schoenoprasum)* über Schnittknoblauch *(Allium tuberosum)* bis zu Gemüsezwiebel *(Allium cepa)* und Knoblauch *(Allium sativum)*. Lässt man sie blühen, sind sie durchaus attraktiv, die Blüten machen sich schön im Salat. Gut dazu passen Ringelblumen (*Calendula officinalis)* und der Borretsch *(Borago officinalis)*. Beide sind einjährige Pflanzen, was harmloser klingt, als es ist. Vor allem der Borretsch neigt dazu, ganze Beete zu übernehmen.

Geordnete Staffelung

Andererseits können Sie auch auf diesem Standort eine Stauden-Mischpflanzung mit Höhenstaffelung, Leitpflanzen und Begleitstauden planen. Nur wählen Sie hier eher 10 % statt 15 % Gerüstbildner, dafür 15 % Füllpflanzen, wiederum 25 % Begleitstauden und 50 % Bodendecker. Das funktioniert aber nur dann wirklich gut, wenn Sie es in den ersten Jahren schaffen, die zweijährigen Gerüstbildner wie Karde *(Dipsacus* spp.) und Nachtkerze *(Oenothera* spp.) im Zaum zu halten, sprich sie durch Jäten zu dezimieren. Glücklicherweise sind ihre Blattrosetten sehr gut erkennbar. Sie lassen also einfach nur so viele Exemplare im Beet stehen, wie ins Konzept passen bzw. wie auswachsen können, ohne zu viele andere Stauden zu verdrängen. Die überzähligen Pflanzen graben Sie liebevoll aus, topfen sie ein und verschenken sie an Nachbarn oder Freunde.

Nützliche Gehölze

Auf diesen Standort passen die klassischen Beerensträucher wie Johannisbeere oder Stachelbeere sowie die meisten Obstbäume. Ihre Blütezeit fällt in die Hauptflugzeit der Insekten, sie stellen deshalb eine wichtige Nahrungsquelle dar. Setzen Sie in Ihren Garten, wenn Sie Platz genug haben, einige Obstbäume verschiedener Sorten, die nicht gleichzeitig blühen. Sie selbst können so über einen längeren Zeitraum frisches Obst genießen und die Insekten in Ihrer Umgebung finden durchgehend Pollen und Nektar zum »Auftanken«.

Es wird durchgeblüht!

Das ist das Motto im Naturgarten. Wichtig ist dafür die Sal-Weide *(Salix caprea)*, für sie reicht frischer Boden, die anderen Weiden brauchen es feuchter. Weiden sind besonders wertvoll, weil sie früh im Jahr blühen. Hummeln fliegen schon ab 4 °C und auch die ersten Honigbienen brauchen dringend Pollen für die Aufzucht der Brut. Eine unbekanntere Art auf der Liste der passenden Gehölze *(→ S. 95)* ist der Kreuzdorn *(Rhamnus carthartica)*. Sein Laub dient neben dem des Faulbaums *(Frangula alnus)* als einziges Futter für die Raupen des Zitronenfalters.

Die Sal-Weide *(Salix caprea)* ist ein Segen für früh fliegende Insekten. Wer Platz hat, sollte unbedingt ein Exemplar pflanzen.

Stachliger Bärenklau

Acanthus spinosus

↑80–100 cm ✿ 7–8

Diese ausdauernde Staude gehört zur Familie der Acanthusgewächse und stammt aus Südosteuropa.
WUCHS Sie hat dornig gezähnte Blätter, wächst horstig und mit den Jahren zu stattlicher Größe heran.
BLÜTE Aus der Mitte der Blattrosette wächst straff aufrecht ein langer, dicker Blütenstiel mit einem auffälligen, ährigen Blütenstand. *Acanthus* braucht meist einige Jahre, bis es zu der attraktiven Blüte kommt. Auch die stark gezackten, auffällig geäderten Blätter sind ein Blickfang in jedem Beet.
PFLEGE Bärenklau braucht keine Pflege, verträgt aber keinen zu schweren Boden oder Staunässe.
VERWENDUNG Als dominante Strukturpflanze bildet der Bärenklau einen absoluten Blickfang im Beet. Gut in Kombination mit wenig auffälligen Begleitstauden mit kleinen Blüten wie Berufkraut *(Erigeron* spp.), Storchschnabel-Arten *(Geranium* spp.) oder niederen Astern.
WERT Interessant für Honigbienen, Hummeln und einige Wildbienenarten.
ARTEN/SORTEN *Acanthus mollis* hat weiche Blätter statt der dornigen von *A. spinosus* und erscheint deshalb manchen gefälliger.

Stockrose

Alcea rosea

↑100–200 cm ✿ 6–10

WUCHS Die Stockrose wächst starr aufrecht, manchmal auch in Kandelaberform. Sie bildet im ersten Jahr eine Blattrosette, blüht im zweiten Jahr und stirbt dann ab. Ich kenne allerdings ein Exemplar, das schon seit 10 Jahren immer wieder austreibt.
BLÜTE Die Blütenfarben reichen von Weiß über Zitronengelb, Rosa und Violett bis hin zu Rotschwarz.
PFLEGE Pflanzen Sie Stockrosen vor einer Wand oder an einem Zaun, damit sie mit ihrer Wuchshöhe nicht bei Wind umknicken. Rückschnitt nach der Blüte führt meist zur Nachblüte im selben oder nächsten Jahr.
VERWENDUNG Klassische Bauerngartenpflanze. Schön wirkt sie als schlanke Strukturpflanze zwischen Hohen Flammenblumen *(Phlox paniculata)*, halbhohen Malven *(Malva* spp.), Ringelblumen *(Calendula officinalis)* und Borretsch *(Borago officinalis)*.
WERT Stockrosen produzieren reichlich Nektar, beliebt vor allem bei Honigbiene, Wildbienen und Hummeln.

Riesen-Lauch

Allium giganteum

↑60–100 cm ✿ 6–7

Der Riesen-Lauch ist eine von rund 700 Arten aus der Gattung der Lauchgewächse. Er stammt aus Asien. **BLÜTE** Die kräftige Zwiebel treibt einen doldigen Blütenstand mit einem Durchmesser von bis zu 15 cm aus. **PFLEGE** Er benötigt nährstoffreichen Boden, verträgt, wie alle Zwiebelgewächse, aber keine Staunässe. Man sollte ihn nach der Blüte stehen lassen, bis er die Nährstoffe aus Blättern, Stängel und Blüte in die Zwiebel zurückgeholt hat. Lässt sich gut über Samen vermehren. **VERWENDUNG** Als schlanke Streupflanze zwischen Stauden braucht er wenig Platz, sollte aber locker über die Fläche verteilt sein, so kommen die schönen Blütenkugeln besser zur Geltung.

WERT Pollen- und Nektarquelle für Honig- und Wildbienen. Verschiedene Sorten verlängern die Blütezeit.

ARTEN *A. aflatunense* 'Purple Sensation', der Purpur-Kugellauch, zeigt eine intensive Purpurfärbung. *A. karataviense*, der Blauzungen-Lauch, hat altrosafarbene Blütenbälle, die über einem blau überhauchten Blattpaar mit purpurnem Rand stehen. *A. christophii,* der Sternkugel-Lauch, wird nur 40 cm hoch, die Blütenstände können aber einen Durchmesser von 25 cm erreichen.

Schnittlauch

Allium schoenoprasum

↑20–40 cm ✿ 7–9

WUCHS Er wächst als Horst, der durch Seitenzwiebeln immer breiter wird.

BLÜTE Lässt man ihn zur Blüte kommen, auch im Kräuterbeet, zeigt er sternförmige, violette Blütenköpfe.

PFLEGE Achten Sie darauf, dass er nicht von Borretsch, Ringelblumen u. Ä. überwuchert wird. Er lässt sich gut durch Teilung vermehren und ist schneckenresistent. Vor dem Winter sollten Sie nicht die ganze Pflanze abernten, sie betreibt auch dann Fotosynthese.

VERWENDUNG Als Würzpflanze im Gemüsebeet, im Blumenbeet mit Hochstauden ist er nicht konkurrenzstark.

WERT Wie die anderen Lauch-Arten wird er als Pollen- und Nektarquelle von Honig- und Wildbienen genutzt. Auch einzelne Käfer, wie das nicht sehr beliebte Lilienhähnchen, nutzen Lauch-Arten.

ARTEN/SORTEN 'Corsican White' büht weiß, 'Forescate' purpurfarben. *A. tuberosum*, der Schnittknoblauch, wird etwas höher, sonst ähnlich wie *A. schoenoprasum.*

Raublatt-Aster

Aster novae-angliae

↑60–150 cm ✿ 6–10

WUCHS Die Raublatt-Aster ist eine krautige, ausdauernde Pflanze mit horstigem Wuchs. Zahlreiche Sorten bieten Ihnen Wuchshöhen von 30–150 cm.
BLÜTE Die Blütenfarben variieren in allen Schattierungen von Violett, Lila und Rosa, auch in Weiß. Die vielen gefüllten Sorten sind für Insekten nutzlos.
PFLEGE Rückschnitt erst im nächsten Frühling. Alte Pflanzen lassen sich gut teilen, hohe Sorten benötigen evtl. eine Stütze.
VERWENDUNG Die Raublatt-Aster stammt aus Nordamerika, in Europa gilt sie als Neophyt, wenn sie sich in Naturräumen verbreitet. Liegt der eigene Garten am Rand einer Blumenwiese oder eines Naturschutzgebietes, sollte man sie nicht verwenden. Gute Schnittblume.
WERT Als Spätblüher ist sie im Garten eine wertvolle Bienenweide, da Insekten wegen des Klimawandels oft noch spät im Jahr fliegen. Beliebt bei allen Insekten, Bienen, Schmetterlingen, Fliegen.
SORTEN 'Barr's Blue' wird bis zu 150 cm hoch, blüht blauviolett bis Oktober. 'Alma Pötschke' wird 90 cm hoch, mit leuchtend roten Blüten; die standfeste 'Violetta' wird 140 cm hoch, blüht dunkelviolett mit gelbem Auge.

Glattblatt-Aster

Aster novi-belgii

↑60–150 cm ✿ 8–10

WUCHS Diese Aster, auch Neubelgische Aster genannt, kann in seltenen Fällen bis zu 200 cm erreichen.
BLÜTE Zahlreiche einzelne Blütenköpfe sitzen an einem Stängel, Blüten sind meist violett.
PFLEGE Astern sind anfällig für Mehltau. Dem begegnen Sie am besten mit Frühjahrsdüngung und Wässerung bei Trockenheit. Rückschnitt erst im nächsten Frühling. Teilen Sie alte Pflanzen, das erhöht die Blühfreude. Hohe Sorten eventuell stützen. Gute Schnittblume.
VERWENDUNG Diese Aster stammt aus Nordamerika, sie wurde im 18. Jahrhundert als Gartenpflanze in Mitteleuropa eingeführt. Auch sie neigt zum Verwildern.
WERT Da sie oft bis in den November hinein blüht, ist sie auch als Neophyt im Garten eine wertvolle Bienenweide, gut auch für Schmetterlinge und Fliegen.
ARTEN/SORTEN 'White Ladies' blüht weiß, sie wird 100 cm hoch, die 'Schöne von Dietlikon' gilt als beste violettblaue Sorte, sie wird 120 cm hoch.

Bergenie

Bergenia cordifolia

↑20–50 cm ✿ 3–5

Bergenien gehören zu den Steinbrechgewächsen, sie stammen aus asiatischen Gebirgen.

WUCHS Immergrüne bis sommergrüne, ausdauernde, krautige Pflanze mit knapp über- oder unterirdisch kriechenden Wurzeln.

BLÜTE Die Blütenfarbe variiert je nach Sorte von Weiß über Rosafarben bis Rot. Fast alle Sorten eignen sich als Schnittblumen.

PFLEGE Verträgt auch etwas trockenere oder halbschattige Standorte. Vermehrung durch Teilung des Wurzelstocks im Frühling.

VERWENDUNG Guter Frühblüher. Das attraktive, oft rotgefärbte, kräftige Laub deckt schön den Boden ab.

WERT Honigbienen, Hummeln und mehrere Tagfalterarten besuchen die Bergenie.

SORTEN: 'Baby Doll' hat einen kompakten Wuchs bei nur 20 cm Höhe und zartrosa Blüten. Rot blüht die bis zu 50 cm hohe Sorte 'Rotblum'. 'Dragonfly Angel Kiss' ist eine neue Sorte mit weißen, rosa überhauchten Blüten, die bis Ende Mai blüht. Die reinweiße 'Schneekuppe', eine alte, robuste Sorte von Karl Foerster, ist schneckenresistent, aber keine gute Schnittblume.

Heil-Ziest

Betonica officinalis

↑30–70 cm ✿ 7–8 ★

Der Heil-Ziest ist ein Lippenblütler. In Bezug auf den Standort ist er ein wahrer Joker: Er eignet sich für feuchte Teichränder ebenso wie für Halbtrockenrasen, Bergwiesen, Säume und lichte Wälder; nährstoffreiche Böden verträgt er zwar, ist dort aber gegen stärkere Pflanzen nicht konkurrenzfähig.

BLÜTE Attraktive, pupurfarbene Blüte.

PFLEGE Der Heil-Ziest ist pflegeleicht, nur starke Konkurrenz, z.B. den Blutweiderich *(Lythrum salicaria)*, sollten Sie ihm vom Halse halten.

VERWENDUNG In Kombination mit nicht allzu wüchsigen Pflanzen, wie Berufkraut *(Erigeron* spp.) oder Roter Lichtnelke *(Silene dioica)*.

Junge Blätter und Triebe können Sie in der Küche verwenden, sie haben ein leichtes Pilzaroma.

WERT Die nektarreichen Lippenblüten werden von (Wild-)Bienen, Hummeln, Schmetterlingen und Schwebfliegen besucht.

Borretsch

Borago officinalis

↑15–60 cm ✿ 5–10

WUCHS Der einjährige Borretsch passt sich stark an den Nährstoffgehalt des Bodens an, auf fetten Böden schafft er 60 cm Wuchshöhe und kann andere Pflanzen überwachsen. Er ist aber nicht standfest.
BLÜTE Borretsch blüht himmelblau, wie die Wegwarte.
PFLEGE Die Pflanze versamt sich stark, man muss immer wieder jäten.
VERWENDUNG Das Raublattgewächs stammt aus Nordafrika und Südspanien, keimt aber bei uns jedes Jahr wieder gut aus den zahlreichen Samen. Man nennt es auch Gurkenkraut wegen des gurkenähnlichen Aromas. Die jungen Blätter und die Blüten sind reich an Schleimstoffen, Gerbsäure, Mineralien und Vitamin C und können zu Salat oder Aufstrichen gegeben werden. Das aus den Samen gewonnene Borretschöl wird bei Hautproblemen verwendet. Im Garten sät man Borretsch in den Gemüse- oder Bauerngarten.
WERT Weil er bis in den Spätherbst blüht, ist Borretsch wichtig für spät fliegende Wildbienen, Honigbienen und Hummeln. Die größte Nektarsekretion erfolgt um die Mittagszeit mit einem Zuckergehalt von bis zu 50 %. Man nennt Borretsch deshalb auch »Bienenbrot«.

Ringelblume

Calendula officinalis

↑20–30 cm ✿ 6–10

Dieser einjährige Korbblütler *(Asteraceae)* stammt aus dem Mittelmeerraum, wurde aber schon Ende des 11. Jahrhunderts zu uns gebracht.
BLÜTE Die ursprüngliche Blütenfarbe ist ein sattes Gelb, im Handel gibt es aber auch andersfarbige Sorten.
PFLEGE Ringelblumen vertragen keine Staunässe. Sie können die Samen selbst ernten und noch im Herbst Ringelblumen für das nächste Jahr säen.
VERWENDUNG Schon Hildegard von Bingen verwendete die Ringelblume als Heilpflanze. Heute nutzt man sie vor allem bei Hautproblemen und zur Wundheilung.
WERT Gute Herbstaufbautracht der Honigbiene, aber auch Wildbienen und Schmetterlinge nutzen sie als späte Nektarquelle.
SORTEN: Die Blütenfarbe von 'Fruit Twist' reicht von Zitronengelb bis Orange, die von 'Snow Princess' ist Weiß oder Blassgelb. Wichtig ist es, ungefüllte Sorten zu wählen, damit sie von Insekten genutzt werden können.

Land-Reitgras

Calamagrostis epigejos

↑80–160 cm ✿ 7–8 ★

WUCHS Dieses Gras bildet lange, unterirdische Ausläufer, die bis zu 2 m in die Tiefe reichen. Es verbreitet sich dadurch stark, auch über Samen. Es ist anspruchslos und überdauert milde Winter grün. Bezüglich Feuchtigkeit ist das Reitgras ein Joker, es verträgt auch zeitweise Überstauung. Hinsichtlich des Kalkgehalts im Boden ist es sehr tolerant.

BLÜTE Die auffälligen, langen Blütenrispen werden vom Wind bestäubt.

PFLEGE Das Land-Reitgras bedarf keiner Pflege, nur muss man es auf die gewünschte Fläche beschränken. Im Sinne der samenfressenden Vögel schneiden Sie alte Ähren erst nach dem Neuaustrieb zurück.

VERWENDUNG Im Beet eine schöne, robuste Strukturpflanze. Es passt gut in Kombinationen mit Astern, die nicht höher als 60 cm werden, oder mit Tagliliensorten *(Hemerocallis* spp.). Dazwischen passen noch rundblättrige Bodendecker wie Bergenien *(Bergenia* spp.), Minzen *(Mentha* spp.) oder Katzenminze *(Nepeta* spp.). In der Landschaft ist das Reitgras wegen seines tiefen, verzweigten Wurzelwerks nützlich zur Befestigung von Hängen und Gräben.

Blaugrüne Segge

Carex flacca

↑20–50 cm ✿ 4–6 ★

Die Blaugrüne Segge stammt aus der Familie der Sauergrasgewächse *(Cyperaceae)* und kommt in ganz Europa, Kleinasien und Nordafrika vor.

WUCHS Sie wächst straff aufrecht, die Stängelblätter sind vor allem auf der Unterseite durch einen Wachsüberzug blaugrün gefärbt, was der Pflanze den Namen gab. Flächig gepflanzt gibt sie dem Beet einen schönen Blauschimmer.

BLÜTE Wie bei fast allen Gräsern unauffällig.

VERWENDUNG Die Segge bildet dichte Ausläufer und passt besser in eine Mischpflanzung als in ein formales Beet. Sie wächst gut auf frischen bis leicht feuchten Standorten, aber auch auf Halbtrockenrasen. Sie eignet sich für Sickermulden, wo sie zeitweise im Wasser, dann wieder trocken steht (Joker!). Gestalterisch ist sie ein verbindendes Element zwischen Leitstauden. Sie passt besser in Kombinationen mit heimischen Wildstauden als mit klassischen Prachtstauden.

Rote Spornblume
Centranthus ruber

↑30–80 cm ✿ 5–8 ★

Sie stammt aus Nordafrika und dem Mittelmeerraum, verwildert aber infolge der Klimaerwärmung immer häufiger auch in Mitteleuropa.

WUCHS Ihr Wuchs ist buschig und je nach Nährstoffgehalt des Bodens mehr oder weniger üppig. Gerne wächst sie auch an Trockenmauern, wenn sie genug Wurzelraum hat, um feuchtere Bodenschichten zu erreichen. Sie kommt gut mit mehr oder weniger Wasser (außer Staunässe), Kalk und Nährstoffen aus. Insofern ist sie ein Joker, ein sonniger Platz ist aber ein Muss.

BLÜTE Viele rote Einzelblüten in dichten Trugdolden geben ein schönes, üppiges Blütenbild.

PFLEGE Schneiden Sie verblühte Teile gleich zurück, blüht sie bis September. Dünger verträgt sie schlecht.

VERWENDUNG Schön im Bauerngartenbeet, aber auch mit wüchsigen heimischen Pflanzen wie Blutweiderich *(Lythrum salicaria)* oder Karde *(Dipsacus* spp.).

WERT Sehr wertvoll für die Honigbiene, Wildbienen, Hummeln und Schmetterlinge, bei letzteren besonders für tagaktive Nachtfalter, wie Taubenschwänzchen und Hummelschwärmer.

SORTEN 'Albus' blüht weiß, 'Coccineus' purpurrot.

Rittersporn
Delphinium ×

↑100–170 cm ✿ 7–10

Rittersporn ist ein Hahnenfußgewächs, alle Pflanzenteile sind giftig! Es gibt ca. 300 Arten und ungeheuer viele Sorten. In den Alpen wächst die Wildart *Delphinium elatior*, die Mutter zahlreicher Hybriden (×).

BLÜTE Rittersporn gibt es in Weiß, allen Blau- und Violetttönen und sogar in Rot *(Delphinium cardinale)*.

PFLEGE Ein Rückschnitt nach der Hauptblüte ca. 10 cm über dem Boden regt eine Nachblüte an. Alte Stöcke im Spätsommer oder Frühling teilen.

VERWENDUNG Für Bauerngartenbeete mit Pfingstrosen *(Paeonia* spp.), Bart-Nelken *(Dianthus barbatus)* und Malven *(Malva* spp.). Pflanzen Sie 3 Stück pro m^2.

WERT Der tief im langen Sporn der Blüte sitzende Nektar steht nur Garten- und Ackerhummeln zur Verfügung. Keine gefüllten Sorten verwenden!

ARTEN/SORTEN: *D.* × *belladonna* 'Völkerfrieden' ist kurzlebig, wird nur 100 cm hoch und blüht tiefblau, *D.* × *pacific* 'Black Knight' hat große Blüten in dunklem Violett.

Bart-Nelke

Dianthus barbatus

↑30–60 cm ✿ 6–8

Gehört zu den Nelkengewächsen *(Caryophyllaceae).* **WUCHS:** Die zweijährige Pflanze bildet im ersten Jahr eine grundständige Blattrosette und schiebt dann im zweiten die Blütenstände weit über die Blätter hinaus. **BLÜTE** Zahlreiche ungefüllte, bienenfreundliche Sorten in Weiß, Pink, Rot, Purpur und mit gemusterten Blüten. **PFLEGE** Wenn der Boden um die Mutterpflanze offen gehalten wird, können ihre Samen gut keimen. Sie können sie auch im Spätsommer im Hochbeet oder im Topf ansäen und an den Wunschort verpflanzen, wenn die Pflänzchen ca. 5 cm hoch sind, also etwa im Oktober. Nach der ersten Blüte alle Stängel kurz über dem Boden abschneiden, so kommt es zur Nachblüte. Man pflanzt 11 Stück pro m^2. Staunässe vertragen sie nicht. **VERWENDUNG** Klassische Bauerngartenpflanze, z.B. mit Scheinsonnenhut *(Echinacea* spp.), Fingerhut *(Digitalis* spp.) oder Indianernessel *(Monarda* spp.) **WERT** Wertvoll für Bienen, Hummeln und Falter. **SORTEN:** 'Mixed' blüht in verschiedenen Farbtönen: Weiß, Rosa, Purpur und Weiß mit purpurnem Rand. 'Rocking Red' zeigt intensiv rote Blüten und 'Nigrescens' eine schwarzrote Blütenfarbe.

Großblütiger Fingerhut

Digitalis grandiflora

↑60–100 cm ✿ 6–8

Die Fingerhüte gehören zu den Wegerichgewächsen *(Plantaginaceae)*. Alle Fingerhüte sind hochgiftig! **WUCHS:** Straff aufrecht, an eher kalkarmen, nährstoffreichen, mäßig trockenen bis frischen Orten. Diese Art mag keine Staunässe und blüht im Halbschatten weniger. **BLÜTE** Die Blüten des traubigen Blütenstandes weisen ein unübliches Blassgelb mit brauner Aderung auf. **VERWENDUNG** Gut für den Gehölzrand oder als Leitstaude in einer Mischpflanzung, z.B. mit Braunelle *(Prunella* spp.), Minzen *(Mentha* spp.) und Schneerosen *(Helleborus* spp.). Pflanzen Sie 5 Stück pro m^2. **WERT** Fingerhüte sind Hummelblumen: Haare auf der inneren Unterseite der glockenförmigen Blüte versperren kleineren Insekten den Weg, Hummeln dagegen halten sich daran fest. Die Blüten eines Blütenstandes blühen von unten nach oben auf. Die älteren Blüten enthalten mehr Nektar und werden von den Hummeln zuerst besucht.

Gelber Fingerhut

Digitalis lutea

↑70–100 cm ✿ 6–8

Geschütztes heimisches Wegerichgewächs *(Plantaginaceae)*. Kommt bis in Höhen von 2.000 m vor. Mag frische, mäßig nährstoffreiche, kalkreiche Böden, verträgt aber keine Staunässe. Stark giftig!

WUCHS Ausdauernd, langlebig mit wintergrüner Rosette. Wächst straff aufrecht, aber mit eher graziler Gestalt.

BLÜTE Trägt zahlreiche, aber kleine, hellzitronengelbe Blüten. Die Innenseite der Röhrenblüte ist behaart.

PFLEGE: Eventuell Rückschnitt im Frühling vor dem Neuaustrieb. Wenig anfällig für Schneckenfraß.

VERWENDUNG Als helle Leitstaude in lockeren Mischpflanzungen zwischen niederwüchsigen Stauden wie Braunelle *(Prunella grandiflora)*, Wiesen-Storchschnabel *(Geranium pratense)* und Schneerosen *(Helleborus* spp.). Pflanzen Sie immer mindestens 3 Exemplare zusammen, um eine Wirkung zu erzielen. Für einen m^2 brauchen Sie 9 Stück.

WERT Der Gelbe Fingerhut ist eine typische Hummelblume, wird aber auch von der Großen Wollbiene als Pollenquelle genutzt.

Purpur-Fingerhut

Digitalis purpurea

↑60–150 cm ✿ 6–7

Der hochgiftige Purpur-Fingerhut stammt aus Westeuropa. Er mag sauren Boden und ist ein Stickstoffzeiger.

WUCHS Die kurzlebige Pflanze (2–5 Jahre) bildet im ersten Jahr eine Blattrosette und blüht im nächsten.

BLÜTE Attraktive, purpurfarbene Rachenblüten mit hellerem Schlund, der dunkelrote Flecken trägt. Die Flecken wirken auf Hummeln wie Staubbeutel und locken sie an.

VERWENDUNG Im Garten in halblichten Bereichen, bei guter Wasserversorgung auch auf sonnigen Standorten. Damit die attraktiven Blüten gut zur Geltung kommen, sollte man den Purpur-Fingerhut solitär zwischen niedrige Begleitpflanzen wie Storchschnabel *(Geranium* spp.), Schneerosen *(Helleborus* spp.) oder Blaugrüne Segge *(Carex flacca)* pflanzen.

WERT Hummelblume, die Große Wollbiene nutzt ihn als Pollenquelle.

SORTEN: 'Alba' blüht weiß, 'Pam's Choice' blüht cremeweiß mit weinrot geflecktem Schlund.

Wilde Karde

Dipsacus fullonum

↑80–200 cm ✿ 7–8

WUCHS Die Karden *(Dipsaceceae)* wachsen starr aufrecht, kandelaberartig verzweigt. Alles an der Karde wirkt stachelig. Mit einer Wuchshöhe von über 2 m ist die zweijährige *Dipsacus fullonum* die stattlichste Art.
BLÜTE: Die violetten Blütchen stehen in einer auffälligen, walzigen Ähre. Die ersten Blüten öffnen sich in einem Kranz auf mittlerer Höhe, danach öffnen sich die Blütenreihen nach oben und nach unten.
VERWENDUNG Als Strukturpflanze im Beet zusammen mit anderen, niedrigeren heimischen Wildpflanzen, allerdings sollten diese konkurrenzstark sein. Karden funktionieren auch in Kombination mit Pflanzen des trockeneren Standorts (→ *ab S. 34)*. Je nach Nährstoffgehalt des Bodens bleiben sie dann kleiner. Die Wilde Karde passt auch gut zur Spornblume *(Centranthus ruber)*, Katzenminze *(Nepeta* spp.) und Malven-Arten *(Malva* spp.). Karden sind sehr standfest, im Winter bilden sie eine schöne Struktur im Garten.
WERT Langrüsselige Insekten trinken den Nektar. Lassen Sie alle Karden über den Winter stehen, da sich Distelfinken und andere Vögel von den fettreichen Samen ernähren.

Schlitzblättrige Karde

Dipsacus laciniatus

↑50–150 cm ✿ 7–8

WUCHS *D. laciniatus* wird nicht ganz so hoch wie *D. fullonum* und hat deutlich geschlitzte Blätter.
BLÜTE Wie bei *D. fullonum* stellen die interessanten Blütenstände eine walzige Ähre dar. Die ersten Blüten öffnen sich in einem Kranz auf mittlerer Höhe, danach öffnen sich die Blütenreihen nach oben und nach unten.
PFLEGE Alle Karden neigen zu starker Vermehrung. Man erkennt die stacheligen Blattrosetten aber gut und kann sie leicht jäten.
VERWENDUNG Als Strukturpflanze, einzeln oder in kleinen Gruppen zwischen niedrigere Pflanzen setzen. Passt zu heimischen Wiesenpflanzen ebenso wie zu Prachtstauden.
WERT Die Einzelblüten sind ca. 1 cm lang und eng, sie können nur von langrüsseligen Insekten wie Hummeln und Schmetterlingen genutzt werden. Beobachtet wurden Schwalbenschwanz, Weißlinge, Heufalter, Tagpfauenauge, Distelfalter, Kaisermantel und Widderchen.

Scheinsonnenhut

Echinacea purpurea

↑40–100 cm ✿ 7–8

WUCHS Ein Korbblütler aus Nordamerika mit aufrechtem, meist unverzweigtem Wuchs.
BLÜTE Die Art blüht purpurrot/rosafarben, es gibt aber viele Sorten mit unterschiedlichen Blütenfarben.
PFLEGE Verträgt keine Staunässe. Alte Pflanzen im Frühling oder Herbst teilen. Je nach Sorte pflanzen Sie 6–9 Stück pro m^2.
VERWENDUNG Obwohl er nicht hoch wird, dient der Scheinsonnenhut wegen seiner auffälligen Blüten als Leitstaude. Er eignet sich aufgrund der vielen Blütenfarben der Sorten gut für Farbbeete. Als Heilpflanze dient er in Medikamenten gegen Erkältung.
WERT Die Pflanze bietet ein eher mäßiges Angebot an Pollen und Nektar, sie wird eher von »gemeinen« Insekten wie Honigbienen und Hummeln aufgesucht.
SORTEN Die Klassiker sind 'Magnus' in tiefem Purpur mit einer Höhe von 100 cm und 'Little Magnus', etwas heller und nur 45 cm hoch. Weiß blüht z.B. 'Baby Swan White' mit nur 50 cm, aber verzweigtem Wuchs. 'Sunrise' bringt leuchtend gelbe Blüten hervor, 'Flame Throwers' bietet Übergänge von Dottergelb zu Orangerot. 'Fatal Attraction' und 'Primadonna' blühen rosa.

Schmalblättriges Weidenröschen

Epilobium angustifolium

↑60–120 cm ✿ 6–8

WUCHS Dieses Nachtkerzengewächs ist ein typischer Pionier, der sich durch Schirmchensamen und Ausläufer schnell vermehrt. Einmal Weidenröschen im Garten bedeutet immer Weidenröschen im Garten.
BLÜTE Die Blüten sind attraktiv purpurfarben und blühen am Blütenstand von unten nach oben auf.
PFLEGE Liebt sonnige, frische und nährstoffreiche Standorte. Pflanzen Sie 5 Stück pro m^2.
VERWENDUNG Prächtige Solitärstaude, passt aber auch zu anderen konkurrenzstarken Hochstauden wie Astern, Land-Reitgras *(Calamagrostis epigejos)*, Blutweiderich *(Lythrum salicaria)* und Wasserdost *(Eupatorium cannabinum)*. In der Wildkräuterküche können Sie die jungen Stängel als Spargelpendant verwenden, die Blätter für Salate und die Blüten als essbare Deko.
WERT Futterpflanze für Schmetterlinge, Wildbienen und Hummeln.

Berufkraut

Erigeron × cultorum

↑50–70 cm ✿ 6–8

Die Berufkräuter *(Erigeron* spp.) bilden eine Gattung in der Familie der Korbblütler *(Asteraceae)*. Weltweit gibt es ca. 400 Arten, die meisten davon in Nordamerika. Für den Garten gibt es Sorten mit attraktiven Blüten.

BLÜTE Die feinen Blüten ähneln denen von Astern sehr, die Pflanze heißt deshalb auch Feinstrahlaster.

PFLEGE Vermehrung durch Teilung älterer Stöcke. Wenn man Verblühtes zurückschneidet, folgt eine Nachblüte. Man pflanzt 7–9 Stück pro m^2.

VERWENDUNG Schön als Begleitpflanze zu Hochstauden. *Erigeron* ist eine sehr gute Schnittblume, Sie sollten die Blüten aber erst schneiden, wenn sie voll erblüht sind. Geschlossene Knospen öffnen sich in der Vase nicht mehr.

WERT Ungefüllte Sorten dienen als Nahrungsquelle für Honigbienen, Hummeln, Schwebfliegen, einige auf Korbblütler spezialisierte Wildbienen und 25 Falterarten wie z. B. Ochsenauge, Feuerfalter und Dickkopffalter.

SORTEN 'Nachthimmel' blüht in dunklem Violett, die 'Dunkelste Aller' in leuchtendem Blau, 'Sommerneuschnee' blassrosa bis weiß, 'Karminstrahl' karminrot mit gelber Mitte.

Goldlack

Erysimum cheiri

↑20–60 cm ✿ 5–6

Dieser Kreuzblütler (*Brassicaceae*) stammt ursprünglich aus Griechenland, kommt bei uns aber verwildert vor. Er liebt kalk- und nährstoffreiche Böden, keine Staunässe.

WUCHS Ausdauernd, aber kurzlebig. Wenn er sich aussäen soll, halten Sie den Boden um die Mutterpflanze offen und schneiden Sie ihn nicht zurück.

BLÜTE Die Blüten changieren in Gelb, Orange und Rotbraun, es gibt aber auch andersfarbige Sorten.

PFLEGE Eine Kompostgabe einmal im Monat gibt schönere Blüten.

VERWENDUNG Stark duftende, klassische Bauerngartenblume. Je nach Sorte 5–10 Stück pro m^2 pflanzen.

WERT Der Honigduft zieht Bienen und Hummeln an.

SORTEN 'Bowles Mauve' zeigt von April bis Oktober hell- bis dunkelviolette Blüten, bei Schnitt nach der Erstblüte. Sie ist etwas frostempfindlich. Die Blüten von 'Chelsea Jacket' sind im unteren Bereich des Blütenstandes dunkelviolett, an der Spitze dann gelb.

Wiesen-Storchschnabel

Geranium pratense

↑30–60 cm ✿ 6–8

Seine Naturstandorte sind nährstoffreiche, frische bis feuchte Wiesen, Gebüsche und Wegraine.

WUCHS Ausdauernde, buschige, krautige Pflanze.

BLÜTE Die Blüten zeigen ein schönes Blauviolett, es gibt viele Sorten.

PFLEGE Rückschnitt führt zur Nachblüte; die Wildart und alle einfachen, ungefüllten Sorten säen sich selbst gut aus. Ältere Stöcke können Sie im Frühling oder Herbst auch ganz einfach teilen.

VERWENDUNG Schöne Begleitstaude, sollte flächig gepflanzt werden. Sie brauchen 7–8 Stück pro m^2. Passt gut zu Pfingstrosen *(Paeonia* spp.), Scheinsonnenhut (*Echinacea* spp.), Madonnen-Lilie *(Lilium candidum)* und Malven. Wichtiger Bestandteil jeder Blumenwiese.

WERT Futterpflanze für Wildbienen, Schmetterlinge, Fliegen und Hummeln.

SORTEN Es gibt unzählige Sorten. 'Hocus Pocus' ist eine neue Sorte mit violetten Blüten und weinrotem Laub, 'Johnson's Blue' ist eher blau als violett und reich an Blüten. 'New Dimension' blüht violettblau mit dunkelrotem Laub.

Grauer Storchschnabel

Geranium cinereum

↑10–15 cm ✿ 6–9

Dieser Storchschnabel kommt aus dem westlichen Mittelmeerraum, ist aber zuverlässig winterhart. Er hat einen geringeren Nährstoff- und Wasserbedarf als *G. pratense.*

WUCHS Lockere Polster, Laub graugrün und zierlich.

BLÜTE Weiß bis blassrosa mit dunkleren Adern.

VERWENDUNG In Mischpflanzungen mit Gräsern und anderen Beetstauden.

WERT Obwohl der Graue Storchschnabel nicht heimisch ist, wird er gerne vor allem von Honigbienen, aber auch von kleinen Wildbienen und Schwebfliegen besucht.

ARTEN/SORTEN 'Ballerina' ist reichblütig mit dunkelviolett geäderten Blüten. 'Jolly Jewel Salmon' blüht in seltenem Lachsrosa von Juni bis September. Schön sind auch der Kaukasus-Storchschnabel *(G. renardii)*, der Himalaya-Storchschnabel *(G. himalayense)* und der Balkan-Storchschnabel *(G. macrorrhizum).* Im Naturgarten sorgt aber die heimische Wildart *G. pratense* für die größte Biodiversität.

Orientalische Nieswurz

Helleborus orientalis

↑30–50 cm ✿ 2–5

Stammt aus der Türkei und dem Kaukasus, bei uns teilweise verwildert. Von den rund 20 *Helleborus*-Arten sind 4 in Mitteleuropa heimisch. Die bekannteste ist *H. niger*, die Schnee- oder Christrose. Sie hat in etwa dieselben Eigenschaften wie *H. orientalis* und blüht bereits von Dezember bis März in reinem Weiß. Giftig!

WUCHS Langlebige, ausdauernde, immergrüne Staude, ausgesprochen winterhart.

BLÜTE Weiß, grünlich, rosafarben bis hellviolett, gelegentlich mit dunklen Flecken. Die Orientalis-Hybriden bringen schon im zeitigen Frühjahr Blüten mit bis zu 10 cm Durchmesser hervor.

PFLEGE Sonniger Standort, wenn der Boden ausreichend feucht ist, sonst eher Halbschatten. Schneiden Sie verdorrtes Laub ab, das fördert den Neuaustrieb. Ein Schäufelchen Kompost ab und zu freut die Pflanze.

VERWENDUNG Quasi überall im Garten als zeitiger Frühjahrsblüher einsetzbar, man setzt 4 Stück pro m^2.

WERT Nahrung für Honigbiene, Hummeln und Ameisen.

SORTEN 'Blue Metallic Lady' hat zart purpurne Blüten mit leicht metallischem Glanz, 'Pink Lady' ist ein Dauerblüher in intensivem Rosa.

Gelbe Taglilie

Hemerocallis lilioasphodelus

↑5–100 cm ✿ 6

Hauptvorkommen in Norditalien, Slowenien.

WUCHS Die dichten Horste mit den grasartigen Blättern sind als Füllpflanzen im Beet auch in ihrer blütenlosen Zeit attraktiv.

BLÜTE Die Einzelblüten blühen jeweils nur einen Tag. Die Wildart blüht zitronengelb und duftet.

PFLEGE Horste von älteren Pflanzen lassen sich gut teilen. Man pflanzt je nach Sorte 3–8 Stück pro m^2.

VERWENDUNG Als Füllpflanze zwischen Leitstauden. Flächig gepflanzt wirkt das Beet ruhig und harmonisch.

WERT Mäßige Nektarquelle, in den Stängeln der Blüten können viele Insekten überwintern.

ARTEN/SORTEN *Hemerocallis × cultorum* 'Arctic Snow' blüht cremeweiß, die Blütenstände werden 100 cm hoch, verträgt Halbschatten. 'Bacabana' trägt schon ab Mai goldgelbe Blüten. 'Rosy Returns' ist eine neue Züchtung in unüblichem Rosa, die von Mai bis Oktober blüht. 'Stella in Red' ist tiefrot mit grünem Schlund.

Echter Alant

Inula helenium

↑60–200 cm ✿ 4–5

Der Echte Alant gehört zu den Korbblütlern *(Asteracea)*. Er ist eine alte Kulturpflanze aus Südosteuropa und bei uns verwildert.

WUCHS Die Pflanze wächst straff aufrecht, die Blütenstände sind verzweigt. Die Blätter werden bis zu 50 cm groß und sind an der Unterseite behaart.

BLÜTE Blüht in sonnigem Gelb. Zwischen den Einzelpflanzen muss ein Abstand von 100 cm eingehalten werden. Man pflanzt ihn als Einzelpflanze oder in Gruppen von 3 Stück. Für kleine Gärten nicht optimal.

PFLEGE Rückschnitt im Frühjahr

VERWENDUNG Typische Bauerngartenpflanze, auch als Schnittblume geeignet. Rechnen Sie pro Stück 1 m^2. Wird seit der Antike als Heil-, Gewürz- und Färbepflanze verwendet. Aus ihm wird das Kohlenhydrat Inulin gewonnen, das der Mensch nur als Ballaststoff verwertet.

WERT Zu den Blütenbesuchern zählen Honigbienen, Wildbienen, Hummeln, Schwebfliegen und Schmetterlinge wie Kaisermantel, Tagpfauenauge, Kleiner Fuchs und Dickkopffalter.

SORTEN Besonders auffällig ist die Sorte 'Goliath', die bis zu 230 cm hoch wird.

Weidenblättriger Alant

Inula salicina

↑20–60 cm ✿ 6–10 ★

WUCHS Der Weidenblättrige Alant hat schmale, kahle Blätter und Stängel.

BLÜTE Die Blüten sind sonnengelb und ein wenig kleiner als bei *Inula helenium.*

VERWENDUNG Auch für kleine Gärten passend. Am besten flächig als Füllstaude pflanzen. Er kommt auf mageren Böden gut zurecht. Er würde sich über mehr Nährstoffe durchaus freuen, nur muss man ihm dann die wüchsigere Konkurrenz vom Hals halten.Verträgt sogar gelegentliche Überschwemmungen, daher gut für Sickermulden. Jokerpflanze hinsichtlich Wasser- und Nährstoffsituation.

WERT Wertvolle Nahrungspflanze für Honigbiene, Wildbienen und Hummeln.

ARTEN *Inula hirta*, der Rauhaarige Alant, bleibt mit etwas kleiner. Er passt im Staudenbeet zwischen Hochstauden wie Königskerzen *(Verbascum* spp.) Rainfarn *(Tanacetum officinale)* oder Karden *(Dipsacus* spp.).

Herzgespann

Leonurus cardiaca

↑50–150 cm ✿ 6–9

Heißt auch Löwenschwanz. Das Herzgespann gehört zu den Lippenblütlern *(Lamiaceae)*, es stammt aus dem Gebiet zwischen Ostsibirien und dem Himalaja.
WUCHS Wächst straff aufrecht, buschig, das Laub wirkt leicht silbrig.
BLÜTE Die vielen kleinen, hellpurpurnen Lippenblüten sind einzeln nicht sehr auffällig, aber die Blüten sind zottig behaart und wirken gemeinsam.
PFLEGE Völlig problemlose Pflanze, die Nährstoffe liebt. Man setzt 5 Stück pro m².
VERWENDUNG Gute Leitstaude für eher blasse, zurückhaltende Beetkombinationen mit Blaugrüner Segge *(Carex flacca)*, Karden (*Dipsacus* spp.) und weißen Sorten der Katzenminze (*Nepeta* spp.). Oder man vergesellschaftet sie bewusst mit leuchtenden Blüten wie denen des Scheinsonnenhuts *(Echinacea purpurea)*.
Als Heilpflanze wirkt es blutdrucksenkend, beruhigend, herzstärkend, krampflösend.
WERT Die Blüten sind sehr nektarreich, sie dienen vor allem als Futterpflanze für Honigbienen und Hummeln und verschiedene kleine Wildbienen.

Liebstöckel

Levisticum officinale

↑150–200 cm ✿ 7–8

Liebstöckel gehört zur Familie der Doldenblütler *(Apiaceae)*, er stammt wahrscheinlich aus Persien.
WUCHS Die Pflanze wächst straff aufrecht.
BLÜTE Zarte, gelbe, schirmförmige Dolden überragen das Beet.
PFLEGE Braucht tiefgründigen, nährstoffreichen Boden. Nach der Blüte werden die Blätter schnell unansehnlich und braun. Abhilfe schaffen hier laufende Ernte der Blätter und Rückschnitt gleich nach der Blüte. Man pflanzt 3 Stück pro m².
VERWENDUNG Liebstöckel ist eine Nutzpflanze, die man eher im Gemüsegarten als im Staudenbeet vermuten würde. Als imposante Leitstaude ist sie aber auch in Zierbeeten attraktiv, z.B. mit Rainfarn *(Tanacetum vulgare)* und Alant (*Inula* spp.)
Die Blätter werden als Suppenwürze genutzt.
WERT Gute Bienenweide (Honigwert 300–500 kg/ha), gerne besucht von Wildbienen, Wespen und Käfern.

Feuer-Lilie

Lilium bulbiferum

↑20–80 cm ✿ 5–7

WUCHS Die Feuer-Lilie gehört zu den echten Liliengewächsen *(Liliaceae)*. Sie treiben jedes Jahr aus ihren Zwiebeln neu aus. Die Feuer-Lilie trägt Brutzwiebeln in den Blattachseln, die abfallen und nach 2-3 Jahren neue blühende Pflanzen bringen. Ihr Naturstandort ist auf halblichten, frischen Wiesen auf eher kalkhaltigem Untergrund bis zu einer Meereshöhe von 2.400 m.
BLÜTE Das prächtige Orangerot der Blüten leuchtet aus jeder Pflanzung.
PFLEGE Alle Lilien sind sehr schneckenanfällig. Es hilft, wenn man um die Jungpflanzen ein ca. 10 cm hohes Kupferrohr in den Boden steckt. Man setzt 15 Stück pro m^2 um eine gute Wirkung zu erzielen.
VERWENDUNG Schön im Bauerngarten oder als Teil einer Blumenwiese. Ich verwende Lilien auch als Leitstauden im Beet, obwohl sie nicht besonders hoch sind. Man muss sie dann mit niedrigen Pflanzen umgeben.
WERT Lilien werden v.a. von Schmetterlingen bestäubt.
ARTEN/SORTEN *Lilium candidum*, die Madonnen-Lilie, ist eine elegante, duftende, reinweiße Lilie. Sie wird bis 100 cm hoch. *Lilium regale*, die Königs-Lilie, blüht rosafarben-weiß und ist etwas robuster als *L. candidum.*

Rosen-Malve

Malva alcea

↑50–125 cm ✿ 7–9

Dieses Malvengewächs *(Malvaceae)* braucht sonnige, frische, nährstoff- und kalkreiche Standorte. In manchen Regionen gilt sie als »stark gefährdet«.
WUCHS Insgesamt wirkt die Pflanze luftig und locker. Die Laubblätter sind stark gekerbt.
BLÜTE Die Blüten sind zartrosa und bis 7 cm groß.
PFLEGE Die Pflanze ist nicht sehr konkurrenzstark, d.h., nicht mit wüchsigen Hochstauden kombinieren.
VERWENDUNG Als Leitstaude, z.B. mit Stockrosen *(Alcea rosea)* und Königskerzen *(Verbascum* spp.) als weitere Hochstauden, Storchschnabel *(Geranium* spp.) und Alant *(Inula* spp.) als Begleitstauden, Schneerosen *(Helleborus niger)* als Frühjahrsblüher, Braunelle *(Prunella grandiflora)* und Blaugrüner Segge *(Carex flacca)* als Bodendecker. Man setzt ca. 5 Stück pro m^2.
Die jungen Blätter kann man für Salate und Gemüse verwenden, die Blüten als essbare Deko.
WERT Futterpflanze für Wildbienen, Falter und Hummeln.

Wilde Malve

Malva sylvestris subsp. *sylvestris*

↑40–120 cm ✿ 6–10

Sie braucht eher trockenere, nährstoff- und kalkreiche Böden. In manchen Gebieten gilt sie als gefährdet.
WUCHS Die Wuchsform der zweijährigen bis ausdauernden Pflanze ist locker-buschig, sie braucht ausreichend Platz, man setzt ca. 3 Stück pro m^2.
BLÜTE Die Blüten sind zartrosa mit purpurfarbenen Längsstreifen, die Laubblätter weniger gekerbt als die von *Malva alcea*.
PFLEGE Auf zu nährstoffreichen Böden neigt sie zum Umfallen, dort eignet sich *Malva alcea* besser.
VERWENDUNG Im Staudenbeet, im Bauerngarten oder auch vor Hecken. Weil sie recht kurzlebig ist, sollte der Boden um sie herum nicht zu dicht bepflanzt sein, damit sie sich aussäen kann.
WERT Futterpflanze für Wildbienen, verschiedene Schmetterlinge und Hummeln.
ARTEN/SORTEN Schön ist auch die Unterart *M. sylvestris* subsp. *mauritiana*, die Mauretanische Wilde Malve. Sie wird in Gärtnereien oft als Sorte 'Zebrina' geführt. Ihre Blüten sind dunkler und größer, manchmal erhält man sie mit weißem Rand. Der Wuchs ist etwas weniger buschig.

Zitronenmelisse

Melissa officinalis

↑30–80 cm ✿ 6–8

Die Zitronenmelisse ist ein Lippenblütler *(Lamiaceae)* aus Südosteuropa und wurde schon von Hildegard von Bingen als Arzneipflanze in Mitteleuropa eingeführt.
WUCHS Sie wächst dicht-buschig und wuchert leicht.
BLÜTE Die weißen Blüten sind nicht besonders auffällig.
PFLEGE Am besten beschränkt man sie, indem man sie laufend erntet. Lässt man die Samenreife zu, verteilt sie sich im ganzen Garten, da sie an Bodenbeschaffenheit und Bodenfeuchte keine großen Ansprüche stellt. Man pflanzt 5–6 Stück pro m^2.
VERWENDUNG Im Kräuter- oder Gemüsebeet. Verwenden Sie die zitronig-frischen Blätter in der Küche zur Aromatisierung von Getränken, Salaten und Soßen. Melissentee soll beruhigend, entspannend und verdauungsfördernd sein. Das meiste Aroma enthält die Pflanze knapp vor der Blüte.
WERT Sie enthält viel Nektar; wird vor allem von Honigbienen und Hummeln bestäubt.

Pfefferminze

Mentha × piperita

↑30–50 cm ✿ 7–9

Mentha × piperita ist wahrscheinlich eine zufällige Kreuzung aus Wasser-Minze *(M. aquatica)* und Grüner Minze *(M. spicata)*.

BLÜTE Der Blütenstand ist eine Ähre aus Lippenblüten, die sich von unten nach oben öffnen.

PFLEGE Minzen sind sehr durchsetzungskräftig und verbreiten sich stark durch Ausläufer. Es hat sich bewährt, sie samt großen Töpfen, die als Wurzelsperre wirken, einzugraben.

VERWENDUNG Minzen wurden schon im Altertum als Heilpflanzen genutzt, v.a. die Pfefferminze. Der Hauptinhaltsstoff ist Menthol, es wirkt verdauungsfördernd, magenstärkend und bei Erkältung. Im Garten passt sie ins Kräuter- und Gemüsebeet. Ich verwende Minzen auch als Bodendecker zwischen Stauden wie Hohem Phlox *(Phlox paniculata)*, hohen Astern oder Rittersporn *(Delphinium* spp.). Auch der Riesen-Lauch *(Allium giganteum)* kämpft sich zwischen den Minzen gut durch.

WERT Alle Minzen sind ergiebige Nektarspender für Honig- und Wildbienen, Fliegen und Schmetterlinge. 20 Schmetterlingsarten besuchen Minzen.

SORTEN 'Multimentha' schmeckt besonders intensiv.

Minze-Arten

Mentha spp.

↑15–60 cm ✿ 6–9

Die vielen Minze-Arten schmecken unterschiedlich, sind sich in Wuchs, Blüte, Pflege, Verwendung und Wert aber sehr ähnlich.

ARTEN/SORTEN Die Rundblättrige Minze *(M. suaveolens,* im Bild), oft als Apfel-Minze gehandelt, mag eher kalkarme, magere Böden und schmeckt fruchtiger als die Pfefferminze. Grüne Minze *(M. spicata)* braucht nährstoffreichen Boden, sie wird für Kaugummi und Zahncreme verwendet. Zitronen-Minze *(M. gentilis* var. *citrata)* hat ein starkes Zitrusaroma. Die Mojito-Minze *(Mentha sp.* 'Nemorosa') enthält wenig Menthol, sie ist Bestandteil des berühmten Cocktails. Marokkanische Minze *(Mentha spicata* var. *crispa)* gehört in den nordafrikanischen Minztee. Sie schmeckt süß und erfrischend und ist sehr winterhart. Einige Minzen firmieren unter *Mentha sp.*, ihr deutscher Name gibt die Geschmacksrichtung an, z.B. Erdbeer-Minze, Schoko-Minze oder Ananas-Minze.

Blaues Pfeifengras

Molinia caerulea

↑50–100 cm ✿ 6–9 ★

WUCHS Straff aufrecht wachsendes Gras, die Blätter sind blau überhaucht.
BLÜTE Der Blüten- und Samenstand ist eher lang und schmal, insgesamt unauffällig.
PFLEGE Meist ist das Gras wintergrün; wenn nötig, schneiden Sie es im Frühjahr zurück. Teilung der Horste bei alten Pflanzen. Pflanzen Sie 4 Stück pro m^2.
VERWENDUNG Auf frischem bis feuchtem Boden, verträgt sogar zeitweises Überstauen (Feuchte-Joker!); verhält sich gegenüber Kalk indifferent. Auf sehr nährstoffreichem Boden nicht konkurrenzstark. In Mischpflanzungen gleichmäßig über die Fläche verteilen. In Kombination mit silberlaubigen und blau blühenden Stauden gut für ein Farbbeet geeignet, z.B. mit blau blühenden Sorten der Indianernessel *(Monarda fistulosa)* oder Herzgespann *(Leonurus cardiaca)*.
WERT Als Windbestäuber zwar keine Nahrungsquelle für Insekten, jedoch ein wertvoller Unterschlupf. Vögel fressen die Samen.
SORTEN 'Moorhexe' bekommt schwarzbraune Ähren und eine gelbe Herbstfärbung, 'Variegata' hat weißbuntes Laub und wird nur etwa 50 cm hoch.

Indianernessel

Monarda fistulosa

↑90–100 cm ✿ 6–9

Dieser Lippenblütler stammt aus Nordamerika.
BLÜTE Am endständigen Blütenstand sitzt ein dickes Büschel von Blüten und Hochblättern.
PFLEGE *Monarda* ist schneckenanfällig, besonders gleich nach dem Austrieb. Da sie auch etwas zu Mehltau neigt, schätzt sie windexponierte Standorte.
VERWENDUNG Schöne Beetpflanze, auch im Bauerngarten; mit den vielen verschiedenen Farbschlägen sind alle Farbbeete möglich. Gute Schnittstaude. Man setzt 5-7 Pflanzen pro m^2.
Die ganze Pflanze duftet aromatisch, Blüten und Laubblätter können als Tee zubereitet oder zu Sirup verarbeitet werden.
WERT Bestäubung vor allem durch Honigbienen.
SORTEN 'Blaustrumpf' trägt dunkelviolette Blüten und duftet stark, 'Schneewittchen' blüht weiß mit sehr hellgrünem Laub, 'Squaw' blüht rot, ergibt besonders schön gefärbten Sirup.

Katzenminze

Nepeta cataria

↑30–80 cm ✿ 7–9 ★

Der Lippenblütler stammt aus Vorderasien, ist in Mitteleuropa verwildert und eingebürgert. Er braucht sonnige, eher kalkhaltige und nährstoffreiche Standorte, steht lieber zu trocken als zu nass. Insgesamt ist die Pflanze aber unempfindlich und daher eine Jokerpflanze.

BLÜTE Die zahlreichen kleinen cremeweißen bis blassrosa Lippenblüten sind in Summe durchaus attraktiv. Den Duft mag man gern oder auch gar nicht. Katzen lieben ihn und wälzen sich in den Pflanzen.

PFLEGE Durch Rückschnitt nach der Blüte bleibt die Pflanze buschig und blüht noch einmal. Vermehrung durch Stecklinge, Teilung oder Aussaat. Setzen Sie Pflanzen, brauchen Sie 9 Stück pro m^2.

VERWENDUNG Bevorzugt leichtere Böden. Sie macht sich im Beet so breit, dass für Beikräuter kein Platz ist. Riesen-Lauch *(Allium giganteum)* passt gut dazwischen und Frühjahrsblüher, die aus Zwiebeln austreiben und wieder einziehen. Als Teepflanze einsetzbar.

WERT Bestäubung durch Bienen und Hummeln.

ARTEN/SORTEN 'Citriodora' duftet stark nach Zitrone. *Nepeta* × *faassenii* ist eine Kreuzung zweier Katzenminze-Arten mit vielen Sorten, die violett blühen.

Gewöhnliche Nachtkerze

Oenothera biennis

↑40–100 cm ✿ 6–9 ★

Die Nachtkerzengewächse *(Onagraceae)* stammen aus Nordamerika, kamen aber schon im 17. Jahrhundert nach Europa und bildeten hier zahlreiche Sippen.

WUCHS Die zweijährige Pflanze bildet im ersten Jahr nur eine Blattrosette. Nachtkerzen verkreuzen sich stark, sodass es verschiedene Wuchsformen und Blütengrößen gibt. Als Jokerpflanze kommt sie mit fast allen halbwegs sonnigen Standorten gut zurecht.

BLÜTE Die neongelben Blüten blühen kurz nach Sonnenuntergang auf und duften bereits kurz danach. Jede Blüte blüht nur 1 Tag, dann bildet sie Millionen Samen.

PFLEGE Damit Sie jährlich Blüten haben, setzen Sie in 2 aufeinanderfolgenden Jahren Pflanzen (5 Stück/m^2).

VERWENDUNG Als Leitstaude im Beet.
Die Wurzeln können wie Spargel zubereitet werden.

WERT Wildbienen, Hummeln, Schwebfliegen, v.a. aber Nachtfalter und tagaktive Nachtfalter wie Taubenschwänzchen oder Hummelschwärmer bestäuben sie.

Echte Pfingstrose

Paeonia officinalis

↑30–90 cm ✿ 5–6

Man unterscheidet Strauchpfingstrosen und krautige Pfingstrosen. Hier geht es um die Staudenversion.

BLÜTE Die Echte Pfingstrose *(Paeonia officinalis* subsp. *officinalis)* blüht in intensivem Rosa mit zahlreichen leuchtend gelben Staubblättern.

PFLEGE Bei Pfingstrosen pflanzt man das Rhizom knapp unter die Erdoberfläche. Sie brauchen einige Jahre, bis sie so richtig blühen. Gelegentliche Kompostgaben sind erwünscht. Ein Exemplar reicht pro m^2.

VERWENDUNG Gut kombinierbar z. B. im Bauerngarten mit Storchschnabel-Arten *(Geranium* spp.).

WERT Ungefüllte Pfingstrosen sind ergiebige Pollenspender für Honigbienen und Hummeln, auch Schwebfliegen und Käfer besuchen die Pflanze.

SORTEN Es gibt unzählige Sorten, im Naturgarten verwenden Sie ungefüllte und halbgefüllte. *Paeonia* × *cultorum* 'America' blüht ungefüllt und rot, *Paeonia* × *cultorum* 'Pink Hawaiian Coral' hat korallenrote, duftende Blüten, *Paeonia* × *cultorum* 'Miss America' bringt große, weiße, halbgefüllte Blüten hervor. Von *P. lactiflora* gibt es schöne Sorten wie 'Jan van Leeuwen', ungefüllt und weiß, oder 'Buckeye Belle', dunkelrot und halbgefüllt.

Hohe Flammenblume

Phlox paniculata

↑50–110 cm ✿ 7–9

Gehört zu den Sperrkrautgewächsen *(Polemoniaceae)* aus Nordamerika.

BLÜTE Je nach Sorte gibt es Blütenfarben von Weiß über Rosafarben bis Violett.

PFLEGE Für eine üppige Blüte sollten Sie im Frühling eine kleine Schaufel Kompost an jede Pflanze geben. Alte Stöcke lassen sich gut teilen. Pflanzen Sie 3 Stück pro m^2. Manche Sorten benötigen eine Stütze.

VERWENDUNG *Phlox* ist eine klassische Bauerngartenpflanze. Da es so viele Sorten in unterschiedlichsten Farben gibt, lässt er sich wunderbar in Farbbeeten einsetzen. »Ein Garten ohne Phlox ist ein Irrtum«, meinte einst Karl Foerster.

WERT Nur Schmetterlinge erreichen mit ihren langen Rüsseln den Nektar am Boden der langen Kronröhren.

SORTEN 'Blue Paradise' blüht violett mit heller Mitte, 'Bright Eyes' rosa mit rotem Auge, 'The King' dunkelviolettblau, 'Peppermint Twist' ist rosa-weiß gestreift.

Polster-Phlox

Phlox subulata

↑10–15 cm ✿ 4–6

WUCHS Der Polster-Phlox wächst, wie sein Name sagt, polsterartig. Er vermehrt sich durch seitliche Ausläufer. So wird aus einer Pflanze im 9-cm-Topf ein Kissen mit gut 25 cm Durchmesser.
BLÜTE Alle Sorten, ob weiß, rosa oder violett blühend, brauchen einen vollsonnigen Standort.
PFLEGE Rückschnitt ist nur bei vertrockneten Trieben nötig oder gleich nach der Blüte, um eine Nachblüte anzuregen. Verträgt keine Staunässe. Schnecken mögen ihn nicht.
VERWENDUNG Gute Partnerpflanzen sind aufrechte Stauden wie Indianernessel *(Monarda fistulosa)*, Rittersporn *(Delphinium* spp.) oder Scheinsonnenhut *(Echinacea* spp.). Für eine gute Flächenbedeckung pflanzt man 16 Stück pro m². Auch auf Trockenmauern einsetzbar, wenn das Substrat nährstoffreich ist.
WERT Guter Frühjahrsblüher für zeitig fliegende Schmetterlinge wie Zitronenfalter und Tagpfauenauge.
SORTEN 'Atropurpurea' ist eine starkwüchsige Sorte, die purpurrot blüht, 'Emerald Cushion Blue' ist eine wüchsige Sorte in hellem Violett, die 15 cm hoch wird. 'Candy Stripes' zeigt rosa-weiß gestreifte Blüten.

Großblütige Braunelle

Prunella grandiflorum

↑10–30 cm ✿ 6–8

Die Braunelle gehört zur Familie der Lippenblütler *(Lamiaceae)*, sie kommt in weiten Teilen Europas vor.
WUCHS Verbreitet sich ausgezeichnet über Ausläufer.
BLÜTE Große, attraktive, violette Blütenköpfe.
PFLEGE Die Braunelle liebt Kalk, aber nicht zu viele Nährstoffe und verträgt keine Staunässe. Auf sehr fetten Böden eignet sich ihre kleine Schwester, die Gewöhnliche Braunelle *(Prunella vulgaris)*, besser, leider blüht diese nicht so attraktiv.
VERWENDUNG Im Beet als Bodendecker oder in selten gemähten Blumenrasen. Pflanzen Sie 16 Stück pro m². Junge Blätter können Sie als Salat verwenden.
WERT Die Bestäubung erfolgt v. a. durch Hummeln. Auch Bienen und Schmetterlinge nutzen den Nektar.
SORTEN 'Gerhard Rudolf' hat dunklere Blüten und dunkelgrünes Laub. 'Bella Rose', mit rosaroten Blüten, verbreitet sich schnell, hier reichen 8 Stück pro m², 'Alba' blüht in Weiß.

Echtes Seifenkraut

Saponaria officinalis

↑30–80 cm ✿ 6–10

Die heimische, ausdauernde Staude gehört zu den Nelkengewächsen *(Caryophyllaceae)*. Sie wächst an Brachen, Wegrändern, Ufern.

BLÜTE Weiße bis rosarote Nelkenblüten, die zu mehreren zusammenstehen.

PFLEGE Eine absolut pflegeleichte Pflanze, sie verbreitet sich aber stark über Samen in alle Gartenbereiche. Man pflanzt 5–6 Stück pro m^2.

VERWENDUNG Als buschige Leitstaude oder in Gesellschaft von höherwüchsigen Pflanzen wie Nachtkerze *(Oenothera biennis)* oder Herzgespann *(Leonurus cardiaca)* als Begleitstaude. Eignet sich auch am Heckensaum, für die Sickermulde und den Teichrand.
Aus Kraut und Wurzel wird ein schleimlösender, schweiß- und harntreibender Tee bereitet. Aus den Wurzeln kann man Waschmittel herstellen.

WERT Ihr Duft und die in der Dämmerung leuchtenden Blüten ziehen Nachtfalter an, die mit ihren langen Rüsseln in die ca. 2 cm lange Kelchröhre reichen: Windenschwärmer, Taubenschwänzchen, Weinschwärmer, Oleander-, Wolfsmilch- und andere Schwärmer. Einige Käfer und ihre Larven fressen ihre Blätter.

Rote Lichtnelke

Silene dioica

↑30–90 cm ✿ 4–9 ★

Das Nelkengewächs *(Caryophyllaceae)* wächst in der Natur an Gebüschrändern, in Wiesen und an Ufern. Es ist ein Licht-Joker: Je schattiger es steht, umso geringer fällt allerdings die Blüte aus. Es mag nährstoffreichen Boden, kommt aber auch mit weniger zurecht.

WUCHS Sie gilt als zweijährig, ist aber eher kurzlebig, bei offenen Böden erhält sie sich gut durch Selbstaussaat.

BLÜTE Auffällig leuchtend fuchsiafarbene Blüten.

PFLEGE Rückschnitt vor Neuaustrieb im Frühling.

VERWENDUNG Schön im Beet, in der Blumenwiese, am äußeren Teichrand, an der Sickermulde und sogar im trockenen Kiesbeet. Man pflanzt 12 Stück pro m^2. Rote Lichtnelke, Rainfarn *(Tanacetum vulgare)*, Indianernessel *(Monarda* spp.) und Phlox *(Phlox paniculata)* ergeben eine Pflanzenkombination mit richtig kräftigen Farben.

WERT Futterpflanze für Schwebfliegen, Schmetterlinge und Käfer; Hummeln beißen die Blüten seitlich auf, um an Pollen und Nektar zu kommen.

Rainfarn
Tanacetum vulgare

↑40–120 cm ✿ 7–10

Der heimische Rainfarn ist eine durchsetzungsstarke Pflanze aus der Familie der Korbblütler *(Asteraceae)*. Sein Naturstandort sind Brachen, Wegränder, Schuttflächen, Dämme und Ufer, solange sie sonnig, frisch und mäßig nährstoffreich sind.

WUCHS Straff aufrecht; bildet mit den Jahren kräftige Horste. Ist der Boden zu fett, wächst er zwar üppig, ist aber nicht standfest.

BLÜTE Die ganze Pflanze enthält stark riechende ätherische Öle und Bitterstoffe. Entweder man mag den Geruch oder man hasst ihn.

PFLEGE Die Pflanze ist sehr robust und ausdauernd, achten Sie nur darauf, dass sie sich durch ihre Kriechwurzeln und auch durch Samen nicht zu sehr verbreitet. Pflanzen Sie 5 Stück pro m².

VERWENDUNG Eignet sich für Beete und vor Hecken. Kann andere Arten verdrängen, deshalb planen Sie Abstand zu zarten Arten ein. Sein starker Geruch hilft Ungeziefer zu vertreiben, sogar den Kartoffelkäfer. Als Räucherpflanze soll er Mut und Selbstwertgefühl stärken.

WERT Futterpflanze für Wildbienen, Schmetterlinge und Hummeln.

Schwarze Königskerze
Verbascum nigrum

↑50–100 cm ✿ 6–9

Gehört zu den Braunwurzgewächsen *(Scrophulariaceae)*. Ihre natürlichen Standorte sind an Wegrändern, Böschungen, Brachen und auf Trockenwiesen.

WUCHS Die Schwarze Königskerze ist mehrjährig ausdauernd, im Gegensatz zu den meisten anderen Königskerzen, die zweijährig sind.

BLÜTE Die Blüte ist gelb, die intensiv violetten Staubgefäße in der Mitte geben ihr die besondere Note.

PFLEGE Rückschnitt im Frühling, wenn der Neuaustrieb beginnt. Man pflanzt 3 Stück pro m².

VERWENDUNG Schön als Leitstaude, z.B. mit den Bärenklau-Arten *(Acanthus* spp.), Karden *(Dipsacus* spp.) oder Herzgespann *(Leonurus cardiaca)*. Dazu passen niedrige Alante *(Inula* spp.), Goldlack *(Erysimum cheiri)* und Ringelblumen *(Calendula officinalis)*.

WERT Königskerzen produzieren keinen Nektar, aber Pollen für Honigbienen, Schwebfliegen, Wildbienen, Hummeln und Käfer.

Pracht-Königskerze

Verbascum speciosum

↑100–150 cm ✿ 6–7

WUCHS Sie ist zweijährig, wie die meisten Königskerzen, und bildet im ersten Jahr nur eine große Blattrosette aus. Die Laubblätter stehen schräg und tannenbaumartig um den kantigen Stängel. Sie leiten so Regenwasser zur Pfahlwurzel der Pflanze.

BLÜTE Der Blütenstand ist eine prächtige Erscheinung. Durch die vielen kleinen gelben Einzelblüten, die den traubigen Blütenstand ausmachen, leuchtet er schon aus der Entfernung.

PFLEGE Will man diese Prachtstaude jedes Jahr blühen sehen, muss man in 2 aufeinanderfolgenden Jahren Pflanzen setzen und den Boden offen halten, dann vermehrt sie sich durch Selbstaussaat.

VERWENDUNG Als dominante Leitstaude pflanzt man 1–2 Stück pro m² in ein gemischtes Beet.

WERT Auch diese Königskerze produziert keinen Nektar, sie wird aber von Pollensammlern angeflogen: Honigbienen, Schwebfliegen, Wildbienen, Hummeln und Käfern. Von ihren Blättern, Blüten und Früchten ernähren sich Raupen von Schmetterlingen wie z.B. vom Wollkrautmönch. Wollbienen nutzen die Pflanzenwolle für das Auspolstern ihrer Brutzellen.

Ökologisch wertvolle Gehölze für diesen Standort

Botanischer Name	Deutscher Name	Höhe, Blütezeit und Blütenfarbe
Acer campestre	Feld-Ahorn	2–15 m, Mai, gelbgrün
Cornus mas	Kornelkirsche	2–6 m, Feb–Apr, gelb
Cornus sanguinea	Roter Hartriegel	2–5 m, Mai–Jun, weiß
Hibiscus syriacus	Echter Roseneibisch	2–3 m, Aug–Sep, weiß/rosa/blau
Prunus padus	Traubenkirsche	3–10 m, Apr–Mai, weiß
Rhamnus cathartica	Purgier-Kreuzdorn	1–3 m, Mai–Jun, gelbgrün
Rosa pendulina	Alpen-Heckenrose	0,5–1 m, Mai–Jun, purpur
Salix caprea	Sal-Weide	1–7 m, Mrz–Mai, gelbgrün
Sambucus ebulus	Zwerg-Holunder	0,6–1,6 m, Jun–Aug, cremeweiß
Sambucus nigra	Schwarzer Holunder	2–7 m, Mai–Jun, cremeweiß
Sorbus aucuparia	Vogelbeere	0,5–12 m, Mai–Jun, cremeweiß
Syringa vulgaris	Flieder	1,5–3 m, Apr–Mai, violett

In Beete mit besten Bedingungen passen Prachtstauden wie der herrliche Scheinsonnenhut *(Echinacea purpurea)*.

Eine offen blühende Pfingstrose (*Paeonia lactiflora* 'Gleam light') ist wundervoll, sie sollte in keinem Bauerngartenbeet fehlen.

Kombinationsmöglichkeiten

Für diesen paradiesischen Standort haben wir Ihnen in den Porträts 51 passende Kandidaten vorgestellt. Nicht alle sind gleich stark oder gleich anspruchsvoll bezüglich Ihres Bedürfnisses nach Licht. In den Pflanzenporträts finden Sie daher Hinweise, wieviel Sonne die Pflanze braucht und wie es um ihre Konkurrenzstärke bestellt ist. Berücksichtigen Sie diese Faktoren, steht einer Kombination nichts mehr im Weg.

Zuerst entscheiden Sie, wie Sie die Pflanzen auf der Fläche anordnen. Entweder **nach Höhe gestaffelt**, dann stehen die höheren Stauden im Beethintergrund, **oder als Mischpflanzung** (→ *S. 68*). Pflanzen Sie nach Größe, können Sie ruhig die ganze hintere Reihe dicht mit hohen Pflanzen besetzen. Bei einer Mischpflanzung gehen Sie mit den Leitstauden sparsamer um, die niedrigen Stauden dahinter und daneben brauchen ja auch noch Licht.

Ein schönes bauerngartenähnliches Beet Ton in Ton können Sie z.B. in den Farbschattierungen von Rosa gestalten. Unter Verwendung einiger Sorten könnte es so aussehen: Als Leitstauden pflanzen Sie hohe Astern wie *Aster novae-angliae* 'Barr's Pink' oder *Aster novi-belgii* 'Rosaperle', beide in Purpurrosa. Ein Klassiker im Bauerngarten sind Pfingstrosen *(Paeonia* spp.). Sie wirken auch gut als Einzelpflanzen, nur mit Frühjahrsblühern dazwischen, da sie nach einigen Jahren sehr üppig und raumgreifend werden. In den ersten Jahren kann man einjährige Blumen dazwischen säen, z.B. Lein, Kornblumen, Borretsch oder Bienenfreund. Bei der Wahl der Pfingstrosen-Sorten sollten Sie im Sinne der Insekten darauf achten, dass ungefüllte Sorten wie *Paeonia lactiflora* 'Dancing Butterfly' in Violett-Rosa oder 'Jan van Leeuwen' in Weiß dabei sind. Dazu einen Scheinsonnenhut wie *Echinacea purpurea* 'Magnus'. Die Pflanze wird 1 m hoch und zeigt ein kräftiges Purpurrot. Sie braucht ein passendes Umfeld, damit die großen Blüten mit dem rostroten Auge richtig zur Geltung

Pflanzvorschlag für ein 3 m² großes Prachtstaudenbeet

Anzahl	Name	Botanischer Name	J	F	M	A	M	J	J	A	S	O	N	D
5	Riesen-Lauch	*Allium giganteum*						X	X					
1	Raublatt-Aster	*Aster novae-angliae*						X	X	X	X	X		
1	Glattblatt-Aster	*Aster novi-belgii*								X	X	X		
3	Bergenie	*Bergenia cordifolia*			X	X	X							
3	Roter Scheinsonnenhut	*Echinacea purpurea*							X	X				
3	Berufkraut	*Erigeron × cultorum*						X	X	X				
3	Wiesen-Storchschnabel	*Geranium pratense*						X	X	X				
3	Orientalische Nieswurz	*Helleborus orientalis*		X	X	X								
1	Pfingstrose	*Paeonia lactiflora*					X	X						

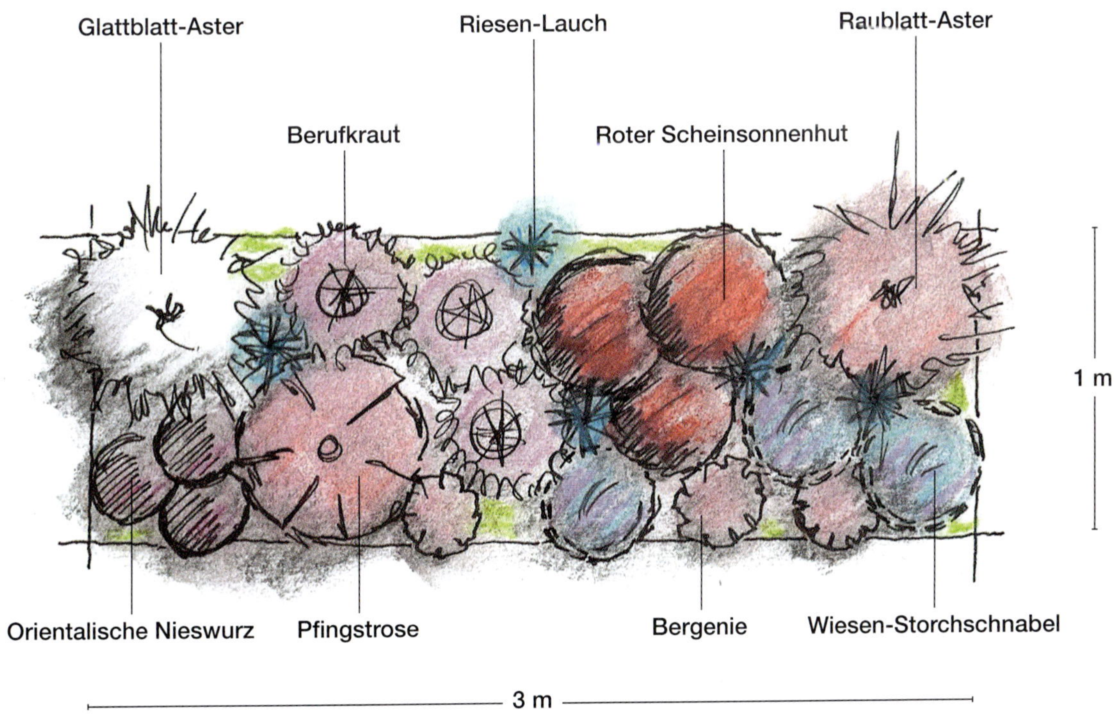

kommen, z.B. Bart-Nelken *(Dianthus barbatus)* oder Sorten des Berufkrautes *(Erigeron × cultorum)*, wie 'Sommerneuschnee' in Weiß-Rosé oder 'Quakeress', in dunklem Rosa. Gut machen sich dazu Sorten des Wiesen-Storchschnabels *(Geranium pratense)*, etwa 'Hocus Pocus' in Lavendeltönen mit rotbraunem Laub oder 'Rozanne' mit blau-violetten Blüten. Als Bodendecker und Frühjahrsblüher passen Schneerosen *(Helleborus* spp.) und Bergenien *(Bergenia cordifolia)*. Die Sorte 'Herbstblüte' zeigt bei Rückschnitt der verblühten Teile eine zuverlässige Nachblüte und gehört mit 30 cm Wuchshöhe zu den niedrigen Sorten. Nur 20 cm erreicht 'Baby Doll' mit zartrosa Blüten. Ergänzen Sie Pflanzungen in Rosa/Purpur mit weiß und blassrosa blühenden Pflanzen. Bei den Bergenien sind das z.B. 'Dragonfly Angel Kiss' oder 'Silberlicht'. Alle Bergenien und Schneerosen mögen auch Halbschatten, an richtig sonnigen Plätzen brauchen sie eine gute Wasserversorgung.

Stockrosen *(Alcea rosea)* werden mit bis zu 2 m Höhe imposante Stauden, im Beet fungieren sie als Leitstauden.

Der zweite Pflanzvorschlag rechts kombiniert **Wildstauden mit Bauerngartenpflanzen**. Als Leitstauden fungieren Phlox, Stockrose und Weidenröschen. Phlox ist in vielen Farbtönen von Weiß über Rosa bis Violett erhältlich. Wählen Sie nach persönlichem Geschmack, die Sorte sollte nur mindestens 80 cm hoch werden, sonst wird sie vom benachbarten Seifenkraut erstickt. Es ist sinnvoll, wenn auch schade für Distelfink und Co., Seifenkraut und Weidenröschen vor der Samenreife zurückzuschneiden. Oder Sie gestatten die Vermehrung und verschenken die Jungpflanzen. Stockrosen sind recht kurzlebig, sie werden 2–5 Jahre alt und bilden im ersten Jahr nur Blattrosetten. Setzen Sie daher im zweiten Jahr zu der ersten Stockrose noch eine Jungpflanze dazu, damit die jährliche Blüte gewährleistet ist. Wählen Sie aus der großen Auswahl bitte eine ungefüllte Sorte. Die Rote Spornblume fungiert neben hohen Astern, Stockrosen oder Königskerzen als Begleitstaude. Wachsen sonst nur niedrige Arten wie Braunelle oder Lichtnelke im Beet, gilt die Spornblume als Leitstaude. Ist Ihnen das Beet schon zu rosarot, pflanzen Sie die Spornblume in Weiß. Die Taglilie wirkt zwar auf den ersten Blick wie ein Gras, gehört aber zu den Blütenpflanzen. Die asiatische Wildart *(Hemerocallis lilioasphodelus)* blüht gelb von Mai bis Juni. Es gibt aber zahlreiche schöne Sorten von Weiß bis Orange und Dunkelrot. Mir gefällt die Sorte 'Citrina'. Sie blüht blassgelb, was mit eigentlich allen Farben gut harmoniert, und passt mit ihren vielen zarten Blüten besser zum naturnahen Charakter der Pflanzung als großblütige Sorten. 'Citrina' blüht von Juni bis September, wenn man Verblühtes entfernt.

Pflanzvorschlag für ein 3 m² großes, wildes Bauerngartenbeet

Anzahl	Name	Botanischer Name	J	F	M	A	M	J	J	A	S	O	N	D
1	Stockrose	*Alcea rosea*						x	x	x	x	x		
3	Rote Spornblume	*Centranthus ruber*					x	x	x					
1	Schmalblättriges Weiden-röschen	*Epilobium angustifolium*						x	x	x				
3	Gelbe Taglilie	*Hemerocallis lilioasphode-lus*						x						
3	Hohe Flammenblume	*Phlox paniculata*							x	x	x			
6	Großblütige Braunelle	*Prunella grandiflora*						x	x	x				
3	Echtes Seifenkraut	*Saponaria officinalis*						x	x	x	x	x		
2	Rote Lichtnelke	*Silene dioica*				x	x	x	x	x	x			
9	Kissen-Primel	*Primula vulgaris*					x	x	x	x	x	x		

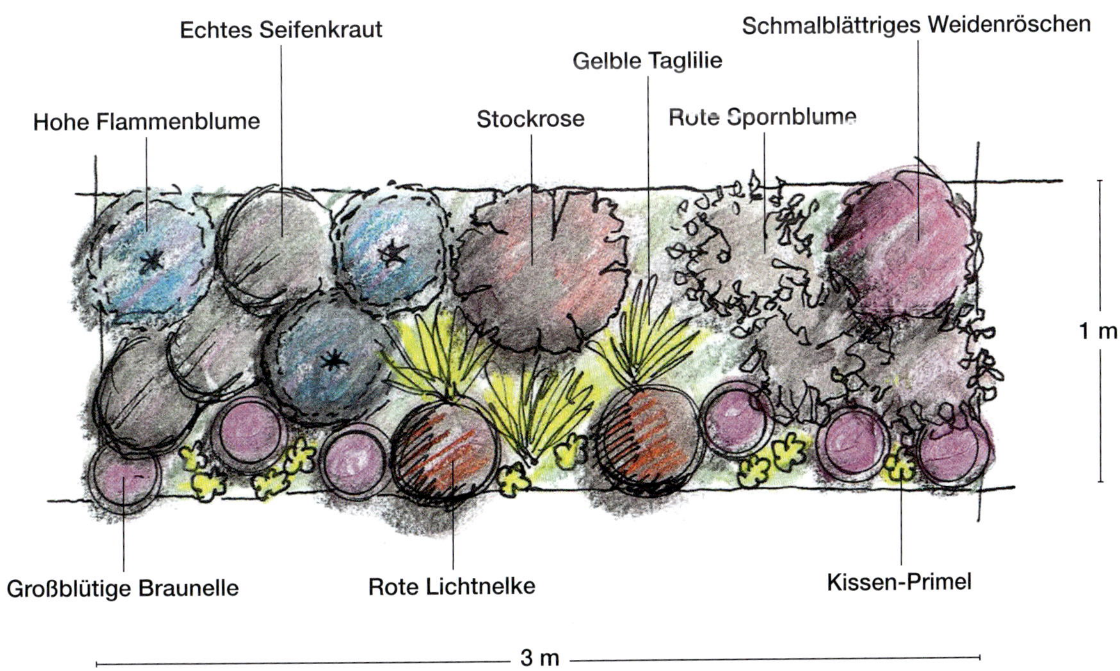

Ein naturnah bepflanzter Gartenteich bringt eine entspannte Stimmung in den Garten und bietet Lebensraum und Nahrung für zahlreiche Insektenarten und Amphibien.

In der Sonne auf feuchtem Boden

Sonnige, feuchte und nährstoffreiche Standorte sind in den meisten Gärten nicht unbedingt häufig von Natur aus vorhanden, sie stecken aber voller neuer Möglichkeiten. Im Normalfall versickert Regenwasser mehr oder weniger schnell im Boden. Wenn der Boden locker und sandig ist, geht das recht schnell, ist er schwer und lehmig, dauert es länger. Ein Teil des Wassers wird im Boden gespeichert und steht den Pflanzen zur Verfügung. Manchmal gibt es eine Sperrschicht aus wasserundurchlässigem Ton, Regenwasser staut sich und der Boden darüber ist feucht bis nass. Das vertragen nicht alle Pflanzen, aber mit der richtigen Auswahl schaffen Sie hier einen zusätzlichen, spannenden Lebensraum im Garten. Alle Arten dieses Kapitels sind für feuchten Boden geeignet, manche auch für einen höheren Wasserstand. Es sollte jedenfalls darauf geachtet werden, dass »Feuchtpflanzen« nicht nass stehen. Viele vertragen stehende Nässe gar nicht, so wie die Sumpfdotterblume *(Caltha palustris)*, sie verfault dann. Welche Pflanze wie viel Nässe verträgt, finden Sie bei den einzelnen Pflanzenporträts.

Am Teich

So selten feuchte Standorte in Gärten sind, so häufig werden sie künstlich geschaffen, z.B. als Randzone oder Sumpfzone eines (Schwimm-)Teiches. Hier ist der Boden wassergesättigt, weil er wie ein Löschpapier Teichwasser aufsaugt. Als stauende bzw. abdichtende Schicht dient meist eine Kunststofffolie. Im Sinne der Nachhaltigkeit verwenden Sie, wenn Sie so ein Projekt vorhaben, lieber Butylkautschuk, der enthält keine Chlorverbindungen und ist recycelbar. Reicht der Platz im Garten nicht für einen Teich, können Sie sich trotzdem Sumpfpflanzen in den Garten holen, indem Sie mit einem Folienstreifen einen schmalen Sumpfgraben schaffen.

Für die Sickermulde

Eine interessante und nützliche Möglichkeit ist eine Sickermulde. Das ist eine Mulde im Garten, über die Regenwasser im Boden versickert, das vom Dach normalerweise über die Dachrinne und Rohre in den Kanal ablaufen würde. Die Dimension der Mulde muss von einer Fachperson berechnet werden. Eine Faustformel besagt, sie sollte ca. 20 % der Dachfläche entsprechen und an der tiefsten Stelle nicht tiefer als 30 cm sein. In der Mulde wird Regenwasser zwischengespeichert, bis es langsam durch den Boden ins Grundwasser sickert und so unsere Grundwasserreserven auffüllt. Das hilft, Kanäle und Flüsse bei Starkregen zu entlasten. Hätten alle Häuser Sickermulden, würde dies dazu beitragen, Überschwemmungen zu vermindern. Eine Sickermulde ist ein spannender Sonderstandort. Die Ränder sind trocken bis frisch, der tiefere Bereich frisch bis feucht. Für die Ränder verwenden wir also Pflanzen der beiden vorhergehenden Standorte, für die Schrägen und die Tiefe einige Pflanzen des Feuchtstandortes. Nicht alle eignen sich, da auch die Tiefenzone in heißen Sommern austrocknen kann. Informationen dazu finden Sie bei den einzelnen Pflanzenporträts.

Bitte beachten Sie: Bei Starkregen kann jeder mit Folie abgedichtete Teich oder Graben überlaufen. Er sollte deshalb an einer Stelle sein, wo Wasser kaum Schaden anrichtet, also bitte nicht in der Nähe von Nachbars Keller. Für einen Soll-Überlauf senken Sie den Folienrand an einer günstigen Stelle ab oder lassen bei Sickermulden die Kante etwas tiefer.

Oben: Der Rosenkäfer ist eine in Deutschland geschützte Art. Hier schwelgt er in Pollen von Mädesüß *(Filipendula ulmaria)*. **Unten:** Haben Sie einen naturnahen Teich im Garten, können Sie mit etwas Glück solche schillernden Libellen beobachten.

Ein Geschenk für die Fauna

Für die Tierwelt ist jeder Feuchtstandort eine Bereicherung, weil er zusätzliche Pflanzenvielfalt bietet. Manche Pflanzen, wie die Sumpfdotterblume oder auch die Wollgras-Arten *(Eriophorum* spp.), kommen ausschließlich auf Feuchtstandorten vor und haben auch keine nahen Verwandten auf trockeneren Böden. Reicht der Platz für einen Teich oder gar Schwimmteich, so bieten die tieferen Wasserzonen Raum für zusätzliche Pflanzenarten. Dazu zählen Unterwasserpflanzen, die aber teilweise an der Wasseroberfläche zur Blüte kommen, Schwimmblattpflanzen wie Seerosen *(Nymphaea* spp.) und

Röhrichtpflanzen, die einen Wasserstand von 10–50 cm brauchen, wie Froschlöffel *(Alisma plantago-aquatica)*, Hechtkraut *(Pontederia cordata)* oder Schwanenblume *(Butomus umbellatus)*. Die Wasserpest *(Elodea canadensis)* verwenden Sie besser nicht, denn sie überwuchert andere. In der Röhricht-und Sumpfzone sollten Sie Gräser nur sparsam (10–20 %) einsetzen. Sie reinigen zwar das Wasser gut, neigen aber zum Wuchern und bieten als Windbestäuber wenig Nahrung für Insekten, z. B. der Igelkolben *(Sparganium erectum)*. In den Porträts finden Sie in diesem Buch keine Unterwasser-, Schwimmblatt- und Röhrichtpflanzen, es gibt dazu spezielle Literatur zur Teichbepflanzung.

(Schwimm-)Teiche sind auch Lebensraum für Tiere, die in irgendeinem Entwicklungsstadium vom Wasser abhängig sind. Das sind Frösche, Kröten und Molche, aber auch Libellen und diverse Wasserkäfer. Selbst ein kleines Sumpfbeet bietet viel für Insekten, sowohl Blüten als auch hohle Stängel als Überwinterungsmöglichkeit. Egal ob (Schwimm-)Teich oder Sumpfgraben, wenn mit Folie abgedichtet wird, sollte ein Bereich als **freie Wasserfläche** vorgesehen werden, aus der Vögel und auch Igel trinken können. Dieser Abschnitt sollte flach sein, idealerweise mit einem Wasserstand von 5–10 cm, eine sanft abfallende Böschung haben und dazu Kiesel und Äste als Ausstiegshilfe bieten, damit kein Unglück geschieht. Gerade in heißen Sommern ist so etwas ein Geschenk für die Tierwelt.

Staudenwahl

Achten Sie bei der Pflanzenauswahl für den feuchten Standort wiederum auf Vielfalt und bei der Kombination der Pflanzen ebenfalls auf Größe und Wüchsigkeit. Eine schöne Hochstaudenkombination ergibt sich aus Blutweiderich *(Lythrum salicaria)*, Echtem Eibisch *(Althaea officinalis)*, Wasserdost *(Eupatorium cannabium)*, Engelwurz *(Angelica sylvesteris)* und Mädesüß *(Filipendula ulmaria)*. Ganz Mutige kombinieren dazu das Schmalblättrige Weidenröschen *(Epilobium angustifolium)* aus dem vorigen Kapitel (→ S. 80). Um diese Pflanzung müssen Sie sich eigentlich nie wieder kümmern. Im Sinne der in und an den Stängeln überwinternden Insekten sollten Sie nicht einmal mähen, und wenn doch, dann nur einen Teil und das auch erst im Frühjahr. Das kommt Ihnen vielleicht etwas radikal vor, es ist aber ein wichtiger Schritt, um in der geordneten, »bereinigten« Landschaft eine Biodiversitäts-Oase zu schaffen.

Wenn Sie weniger Platz haben, kombinieren Sie niederwüchsige Pflanzen miteinander, z.B. Sumpf-Dotterblume *(Caltha palustris)*, Kuckucks-Lichtnelke *(Lychnis flos-cuculi)*, Pracht-Nelke *(Dianthus superbus)* und Bach-Nelkenwurz *(Geum rivale)*. Sie alle eignen sich auch gut für ein schmales Sumpfbeet entlang eines Weges oder für den Rand oder die Schräge einer Sickermulde.

Teich ohne Garten

Selbst gartenlose Balkon- oder Terrassenbesitzer müssen nicht auf den Lebensraum Teich verzichten. Es gibt schöne, dichte Tröge aus allen möglichen Materialien, von Kunststoff bis Edelstahl, in denen ein Mini-Feuchtbiotop Platz findet. Beachten müssen Sie nur, dass bei Frost sich bildendes Eis nach oben ausweichen kann, also dass das Gefäß nicht bauchig ist. Bedenken Sie auch hier: Wohin fließt ggf. ein Wasserüberschuss? Bitte nicht in die darunterliegende Wohnung. Auch die Statik des Balkons oder der Terrasse will bedacht sein, ein Kubikmeter Wasser wiegt immerhin eine Tonne.

Für die zarte, heimische Bach-Nelkenwurz *(Geum rivale)* kennt der Volksmund viele Namen, z. B. »Blutströpferl«.

Eine Wurzel oder grobe Steine am Rand des Teiches sorgen dafür, dass Tiere daraus trinken können.

Auch am Feuchtstandort finden sich für uns nutzbare Pflanzen. Der Baldrian *(Valeriana officinalis)* ist eine bekannte, nervenstärkende Teepflanze, die Wasser-Minze *(Mentha aquatica)* kann ebenfalls zur Teebereitung genutzt werden, die jungen Blätter des Blutweiderichs ergeben ein ausgezeichnetes Wildgemüse. Aufpassen sollten Sie dagegen beim **Eisenhut** *(Aconitum napellus)*, er ist die **giftigste aller heimischen Pflanzen**. Gestalterisch verwende ich ihn so wie am Naturstandort, als Leitstaude in der frischen bis feuchten Wiese und in Kombination mit niedrigen Arten wie Sumpf-Vergissmeinnicht *(Myosotis palustris)* und Pfennigkraut *(Lysimachia nummularia)*. So kommen seine prächtige Gestalt und sein wunderbares tiefes Blau am besten zur Geltung.

Ein Reich für Weiden

Auf feuchten Böden ist die Auswahl an Gehölzen, die auch in Gärten passen, nicht so groß. Die meisten vertragen wassergesättigte Böden nicht. Dennoch sollten alle empfohlenen Sträucher *(→ S. 117)* großzügig in Gärten mit feuchten Standorten gepflanzt werden, da sie in der freien Landschaft durch Trockenlegungen immer seltener werden. Den von ihnen abhängigen Tieren fehlt damit der Lebensraum. Gerade Weiden sind als Frühblüher essenziell für Hummeln und jene Schmetterlinge, die den Winter als ausgewachsene Falter überdauern, wie Tagpfauenauge und Zitronenfalter. Wenn der Platz reicht, pflanzen Sie verschiedene Weiden-Arten, die zu unterschiedlichen Zeiten blühen, damit keine »Blütenlücke« entsteht. Die Weiden-Arten in meiner Liste blühen von März bis August. Werden Ihnen die Weiden zu groß, setzen Sie sie einfach auf den Stock, d.h., Sie kappen die Pflanze etwa 30 cm über dem Boden. Auch für kleine Gärten oder Balkontröge gibt es geeignete Arten, wie Woll-Weide *(Salix lanata)*, Kriech-Weide *(Salix repens)* oder Zwergbäumchen-Sorten. Auch die *Rhamnus*-Arten *(→ S. 69)*, als einzige Raupenfutterpflanzen für Zitronenfalter, sind für diesen Standort geeignet.

Blauer Eisenhut

Aconitum napellus

↑60–90 cm ✿ 6–9

Der Eisenhut ist ein Hahnenfußgewächs *(Ranunculaceae)*, das in europäischen Gebirgen in Hochstaudenfluren und an Waldrändern bis 2.400 m Höhe vorkommt. *Aconitum* ist die giftigste heimische Pflanze!

WUCHS Aus der knolligen Wurzel treibt der Eisenhut einen straff aufrechten Stängel mit geschlitzten Blättern.

BLÜTE Tiefblaue Blüten mit einem auffälligen, hohen, zylindrischen Helm.

PFLEGE Pflegeleicht auf kalk- und nährstoffreichen Böden im Halblicht.

VERWENDUNG Im Beet als Leitstaude verwenden und mit niedrigen Arten kombinieren, z.B. mit Pracht-Nelke *(Dianthus superbus)*, Wollgras *(Eriophorum latifolium)*, Kuckucks-Lichtnelke *(Lychnis flos-cuculi)*. Schön auch mit Schlangen-Knöterich *(Polygonum bistorta)* und Baldrian *(Valeriana officinalis)*. Man pflanzt 6 Stück pro m².

WERT Eisenhut ist eine Hummelblume, nur Hummeln können in die Blüte hineinkriechen und mit ihren langen Rüsseln den Nektar erreichen.

SORTEN 'Album' blüht weiß, 'Rubellum' blüht rosafarben. Ebenfalls gartenwürdig ist der heimische, gelb blühende Wolfs-Eisenhut *(Aconitum lycoctonum)*.

Echter Eibisch

Althaea officinalis

↑60–150 cm ✿ 7–9

Das ausdauernde Malvengewächs kommt aus Südrussland und dem Balkan, in Mitteleuropa ist es mittlerweile verwildert.

BLÜTE Die Pflanze blüht blassrosa.

WUCHS Auf nährstoffreichen Standorten erreicht der Eibisch sogar 200 cm Höhe und einen Durchmesser von fast 1 m. Pflanzen Sie also nur 1 Stück pro m².

VERWENDUNG Als Leitstaude für frische bis feuchte Beete, Teichrand und Sickermulde; sehr schön ist eine Kombination aus Hochstauden mit Wasserdost *(Eupatorium cannabinum)*, Blutweiderich *(Lythrum salicaria)* und Weidenröschen *(Epilobium angustifolium)*. Eibisch passt auch in den Bauerngarten.

Die Samen kann man wie Nüsse essen oder über den Salat streuen. Die Blüten dienen als essbare Deko. Als Heilpflanze wirkt er beruhigend, reizmildernd, hustenlösend, entzündungshemmend, blutzuckersenkend.

WERT Futterpflanze für (Wild-)Bienen, Fliegen und Käfer.

Arznei-Engelwurz

Angelica archangelica

↑100–250 cm ✿ 6–7

Der Doldenblütler *(Apiaceae)* kommt aus Nord- und Osteuropa, bei uns als verwilderte Kulturpflanze auf feuchten Wiesen und Flussufern.

WUCHS Die Engelwurz ist zweijährig, sie bildet im ersten Jahr nur eine Blattrosette und schiebt dann im zweiten Jahr imposante Blütenstiele empor.

BLÜTE Viele cremeweiße bis gelbliche Einzelblüten auf rötlichen Stängeln bilden auffällige, halbkugelige, doppeldoldige Blütenstände.

PFLEGE Rückschnitt erst im Jahr nach der Blüte; versamt sich stark; setzen Sie nur 1 Stück pro m².

VERWENDUNG Schöne Leitstaude. Verteilen Sie sie einzeln stehend über die Beetfläche und umgeben Sie den Riesen mit niedrigen Pflanzen, wie z.B. Sumpf-Wolfsmilch *(Euphorbia palustris)* und Minzen *(Mentha* spp.). Die Bitterstoffe der Engelwurz sollen gegen Schlaflosigkeit und Erkältungskrankheiten wirken.

WERT Futterpflanze für Honig- und Wildbienen, Fliegen, Wespen und 21 Schmetterlingsarten, z.B. Kaisermantel und Ochsenauge. Lässt man die Samenstände über den Winter stehen, werden sie gerne von Vögeln gefressen.

Wald-Engelwurz

Angelica sylvestris

↑50–150 cm ✿ 7–9 ★

Heimischer Doldenblütler *(Apiaceae)*.

WUCHS Zweijährig bis kurzlebig. Die Wald-Engelwurz wird nicht so hoch wie die Arznei-Engelwurz, ihre Stängel sind rotbraun, straff, röhrig und weißlich bereift.

BLÜTE Die attraktiven Blütendolden sind weiß bis rosa und können einen Durchmesser von 20 cm erreichen. In Bezug auf Licht (sonnig bis halbschattig) und Kalk (indifferent) ist sie ein Joker.

PFLEGE Rückschnitt erst im Jahr nach der Blüte; versamt sich stark im Garten; man setzt 2 Stück pro m².

VERWENDUNG Im Beet als Solitärpflanze oder als Teil einer Hochstaudenflur mit Eibisch *(Althaea officinalis)*, Blutweiderich *(Lythrum salicaria)* und Wasserdost *(Eupatorium cannabinum)*. Schön ist auch ein cremeweißes Beet mit Baldrian *(Valeriana officinalis)* und Mädesüß *(Filipendula ulmaria)*.

WERT Nahrungspflanze für Honig- und Wildbienen, Fliegen, Wespen und 21 Schmetterlingsarten.

Sumpf-Dotterblume

Caltha palustris

↑10–50 cm ✿ 3–5

Dieses bekannte heimische Hahnenfußgewächs *(Ranunculaceae)* kommt auf feuchten Wiesen, an Fluss- und Bachufern vor. Durch Trockenlegen dieser Flächen ist sie stark gefährdet.

WUCHS Ausdauernd, breit-buschig mit bogig aufsteigenden Trieben, die Blätter sind dunkelgrün glänzend.

BLÜTE Die dottergelben Blüten erscheinen schon ab März und blühen teilweise sogar bis Juni, manchmal gibt es eine Nachblüte im Herbst.

VERWENDUNG Ein Muss für Teichränder und feuchte Wiesen, verträgt aber kein Überstauen, dann fault sie. Nur mit zarten, niederwüchsigen Arten kombinieren, z.B. Sumpf-Vergissmeinnicht *(Myosotis palustris)*, Pracht-Nnelke *(Dianthus superbus)*, Kuckucks-Lichtnelke *(Lychnis flos-cuculi)* und Bach-Nelkenwurz *(Geum rivale)*. Man braucht 11 Stück pro m².

WERT Honig- und Wild-Bienen, Käfer, Hummeln, Schwebfliegen und früh fliegende Schmetterlinge, wie Zitronenfalter und andere Weißlinge, Tagpfauenauge und Dickkopffalter, besuchen die Blüten.

ARTEN/SORTEN Es gibt eine natürliche weiße Varietät, gefüllte Sorten werden im Naturgarten nicht verwendet.

Pracht-Nelke

Dianthus superbus

↑30–60 cm ✿ 6–9

Dieses ausdauernde Nelkengewächs *(Caryophyllaceae)* wächst in ganz Europa und den gemäßigten Gebieten Asiens auf feuchten Wiesen und an Gewässerufern.

WUCHS Grazile Pflanze mit linealischen Blättchen.

BLÜTE Attraktive, duftende, geschlitzte, blassrosa Kronblätter, Blüte mit einem Durchmesser von ca. 5 cm.

PFLEGE Sie mag kalkreiche, aber nicht zu nährstoffreiche Standorte; Wiesen mit Pracht-Nelken sollten einmal jährlich gemäht werden. Man setzt 10 Stück pro m².

VERWENDUNG Auf Feuchtflächen, Teichrändern oder im tieferen Teil von Sickermulden. Nur mit anderen zarten Arten kombinieren, sie ist nicht konkurrenzstark. Passend sind u.a. Sumpf-Vergissmeinnicht *(Myosotis palustris)*, Breitblättriges Wollgras *(Eriophorum latifolium)*, Kuckucks-Lichtnelke *(Lychnis flos-cuculi)* und Bach-Nelkenwurz *(Geum rivale)*.

WERT Attraktiv für Honig- und Wildbienen und Schmetterlinge, wie tagaktive Nachtfalter.

Wollgras

Eriophorum spp.

↑30–60 cm ✿ 4–5

Eriophorum angustifolium, das Schmalblättrige Wollgras, und *E. latifolium*, das Breitblättrige Wollgras, sind heimische Sauergräser *(Cyperaceae)*. Die beiden Arten unterscheiden sich vor allem durch ihre Ansprüche an den pH-Wert des Bodens: Das Schmalblättrige braucht sauren Boden, seine Naturstandorte sind saure Moore; das Breitblättrige wächst hingegen auf basenreichen Sumpfwiesen und Kalk-Niedermooren. Sie unterscheiden sich auch durch die Breite der Blätter.

BLÜTE Auffällig an den Wollgräsern sind die weißwolligen Samenköpfe. Der Same selbst ist ein kleines Nüsschen, auffällig sind die weißen Schirmchen, durch die eine Verfrachtung des Samens bis zu 10 km möglich ist.

PFLEGE Wiesen mit Wollgräsern werden einmal jährlich gemäht. Man setzt 11 Stück pro m².

VERWENDUNG In Kombination mit zarten Arten, wie Bach-Nelkenwurz *(Geum rivale)* und Sumpf-Vergissmeinnicht *(Myosotis palustris)*, oder als Flächenpflanzung mit einzelnen, nicht verbreitungswütigen höheren Stauden wie Langblättriger Blauweiderich *(Veronica longifolia)* und Sumpf-Ziest *(Stachys palustris)*.

WERT Wird zur Renaturierung von Flächen gepflanzt.

Wasserdost

Eupatorium cannabinum

↑50–150 cm ✿ 7–9

Heimischer ausdauernder Korbblütler für feuchte, nährstoffreiche, sonnige Wiesen und Ufer.

WUCHS Straff aufrecht, reich beblätterter Stängel.

BLÜTE Blüht auffällig puderrosa, wertvoller Spätblüher.

PFLEGE Einmal jährlich mähen.

VERWENDUNG Funktioniert am besten mit anderen starkwüchsigen Arten wie Eibisch *(Althaea officinalis)*, Blutweiderich *(Lythrum salicaria)* und Mädesüß *(Filipendula ulmaria)*. Versamt sich stark, weniger wüchsige Arten verdrängt er. Man setzt 3 Stück pro m².
Wirkt als Heilpflanze galle- und harntreibend, blutreinigend, wundheilend, leicht abführend und schmerzstillend sowie als Immunstimulans.

WERT Futterpflanze für Schwebfliegen, Wildbienen und Schmetterlinge wie Russischer Bär und Kaisermantel; Samen können von Vögeln genutzt werden.

SORTEN Riesen-Wasserdost *(Eupatorium fistulosum)* ist nicht heimisch und für Insekten nicht so wertvoll.

Sumpf-Wolfsmilch

Euphorbia palustris

↑50–150 cm ✿ 5–6

Das Wolfsmilchgewächs *(Euphorbiaceae)* ist bei uns heimisch und in Auwäldern und nährstoffreichen Feuchtwiesen zu finden, wenn auch teilweise gefährdet.

WUCHS Aufrechte, beblätterte, hohle Stängel, am Grund rot überlaufen; kann Ausläufer bilden.

BLÜTE Der auffällige doldige Blütenstand besteht aus zahlreichen gelben Einzelblüten.

PFLEGE Rückschnitt im Herbst oder vor dem Neuaustrieb im Frühjahr. Die Pflanze braucht ein paar Jahre, bis sie ihre eindrucksvolle Größe erreicht, dennoch sollte man nur 3 Stück pro m² pflanzen.

VERWENDUNG Attraktive Pflanze für den Teichrand. Besonders schön, wenn sie mit Abstand zu anderen Pflanzen steht. Auf trockenen Standorten in der Nähe kann mit anderen Euphorbien eine schöne Verbindung geschaffen werden: Die Zypressen-Wolfsmilch *(Euphorbia cyparissias)* passt auf sonnige Trockenstandorte, die Mandelblättrige Wolfsmilch *(Euphorbia amygdaloides)* auf halbschattige.

WERT Wolfsmilchgewächse sind schwach giftig, aber attraktiv für Bienen, Ameisen, Käfer und besonders für Schwebfliegen und andere Fliegen.

Echtes Mädesüß

Filipendula ulmaria

↑50–150 cm ✿ 7–9 ★

Heimisches Rosengewächs *(Rosaceae)* für Teichufer und feuchte Wiesen.

WUCHS Ausdauernde aufrechte Staude mit gefiedertem deutlich geadertem Laub.

BLÜTE Zahlreiche kleine, cremeweiße Einzelblüten ergeben einen auffälligen, attraktiven Blütenstand.

PFLEGE Versamt sich stark; wächst auch auf frischen Böden und im Halbschatten und ist bezüglich des Kalkgehalts indifferent; deshalb ein Joker im Garten.

VERWENDUNG Gut in Verbindung mit anderen Hochstauden wie Eibisch *(Althaea officinalis)*, Blutweiderich *(Lythrum salicaria)* etc. Neben nicht so wüchsigen Arten müssen Sie das Mädesüß regelmäßig jäten. Man erkennt es gut an den dunkelgrünen, stark gefiederten, geaderten Blättern. Sie brauchen 5 Stück pro m².

WERT Futterpflanze für Wildbienen, Schmetterlinge, Fliege und Käfer.

SORTEN 'Venusta' hat prächtige pinkfarbene Blüten.

Geißraute

Galega officinalis

↑60–120 cm ✿ 7–8 ★

Ein hübscher, heimischer, robuster und ausdauernder Schmetterlingsblütler *(Fabaceae)* für feuchte Standorte.
WUCHS Bildet mit der Zeit recht ausladende Horste.
BLÜTE Die vielen zartlila Blüten ergeben einen attraktiven Blütenstand.
PFLEGE Wollen Sie eine Ausbreitung im Garten vermeiden, schneiden Sie die Pflanze nach der Blüte bodennah ab, dann folgt eine Nachblüte.
VERWENDUNG Am Teichrand, nur in Kombination mit wüchsigen Stauden wie Eibisch *(Althaea officinalis)*, Blutweiderich *(Lythrum salicaria)* und Engelwurz *(Angelica* spp.). Man pflanzt 6 Stück pro m^2.
Schmetterlingsblütler sind mit Knöllchenbakterien vergesellschaftet und binden so Luftstickstoff. Dadurch sind sie gegenüber anderen Pflanzen im Vorteil und setzen sich oft durch. Deshalb, und weil sich die Geißraute auch auf trockenen oder frischen Standorten ansiedelt, bekommt sie das Prädikat »Joker«.
WERT In großer Menge für Weidevieh giftig. Bienen und Hummeln sammeln an der nektarlosen Pflanze Pollen; für Raupen von gefährdeten Bläulingen (Argus-Bläuling, Geißklee-Bläuling) dient die Geißraute als Futterpflanze.

Bach-Nelkenwurz

Geum rivale

↑20–60 cm ✿ 5–7 ★

Kommt in ganz Europa, außer im Mittelmeerraum, auf Feuchtwiesen und an Bachufern vor.
WUCHS Ausdauernde, locker verzweigte Halbrosettenpflanze mit graziler Gestalt.
BLÜTE Interessante, nickende, glockenförmige Blüte mit klebrigem Pollen. Der Nektar wird zwischen den Staubblättern abgeschieden.
PFLEGE Die zarte Bach-Nelkenwurz muss man höchstens vor wüchsigeren Arten schützen, sonst ist sie völlig unproblematisch. Man pflanzt 9 Stück pro m^2.
VERWENDUNG An Teichrändern und in Sickermulden, aber auch auf frischen Standorten. Sie ist auch in Bezug auf Kalk indifferent, beides macht sie zum Joker. Sehr schön in Kombination mit den Wollgräsern *(Eriophorum* spp.), die schon die weißen, wolligen Samenstände zeigen, wenn die Bach-Nelkenwurz blüht.
WERT Typische Hummelpflanze, aber auch Bienen und Schwebfliegen holen sich Nektar bzw. Pollen.

Sumpf-Schwertlilie

Iris pseudacorus

↑30–80 cm ✿ 5–6

In sonnigen, nassen Sümpfe bis zu einer Wassertiefe von ca. 20 cm gedeiht dieses heimische, ausdauernde Schwertliliengewächs *(Iridaceae)*.

WUCHS Ausdauernde, rhizombildende Pflanze mit schwertförmigen, blaugrünen Laubblättern.

BLÜTE Auffällige gelbe Blüten, aber nur, wenn der Boden nährstoffreich genug ist. Im Halbschatten überlebt sie zwar, zeigt aber keine Blüten.

PFLEGE Ihr Überdauerungsorgan ist ein waagrecht kriechender Wurzelstock (Rhizom). Durch Teilung des Rhizoms kann sie gut vermehrt werden. Man pflanzt 3 Stück pro m².

VERWENDUNG Schön am Teichrand und in der Röhrichtzone bis zu 20 cm Wassertiefe; in der feuchten Sumpfzone passt dazu gut die Sibirische Schwertlilie *(Iris sibirica)*. Alle Schwertlilien brauchen ein paar Jahre, bis sie sich optimal entwickelt haben. Sie mögen lehmigen Boden.

WERT Bestäuber sind vor allem Hummeln und Schwebfliegen, aber auch Honig- und Wildbienen.

SORTEN Es gibt eine Zuchtsorte, *Iris pseudacorus* 'Variegata', mit gelb gestreiften Laubblättern.

Sibirische Schwertlilie

Iris sibirica

↑30–80 cm ✿ 5–6

Wie die Sumpf-Schwertlilie kommt diese heimische *Iridaceae* in sonnigen, nassen Sümpfen vor, im Gegensatz zu *I. pseudacorus* verträgt sie keine Überstauung.

BLÜTE Die Wildart zeigt ein schönes Blauviolett.

PFLEGE Braune Blätter vor dem Neuaustrieb mähen.

VERWENDUNG Schön am Teichrand, aber nicht überstaut. Eine attraktive Mischpflanzung ergibt sich mit Minzen *(Mentha* spp.), Wiesen-Storchschnabel *(Geranium pratense)*, Langblättrigem Blauweiderich *(Veronica longifolia)* und Land-Reitgras *(Calamagrostis epigejos)*. Man setzt 6 Stück pro m².

WERT Bestäuber sind vor allem Hummeln und Schwebfliegen, aber auch Honig- und Wildbienen.

SORTEN 'Butter and Sugar', mit zuckerweißem Dom und buttercremegelben Hängeblättern, blüht bis Juli. 'Caesar's Brother', in ganz dunklem Blau, blüht ebenfalls bis Juli. Die Sorte 'Viel Schnee' zeigt – wenig überraschend – weiße Blüten.

Flatter-Binse

Juncus effusus

↑30–150 cm ✿ 6–8

Die Binsen- oder auch Simsengewächse *(Juncaceae)* gehören zu den Süßgräsern. Sie lieben nasse Wiesen und Sümpfe sowie kalkarme Niedermoore in den gemäßigten Breiten der Nordhalbkugel.

WUCHS Immergrüne Horste mit starr aufrechten, runden, glatten Stängeln.

BLÜTE Büschelige Blüten- und Samenstände.

PFLEGE Kann im Herbst oder im Frühling vor dem Neuaustrieb gemäht werden. Man setzt 6 Stück pro m^2.

VERWENDUNG Im Beet als horstige Solitärpflanze, schön in Kombination mit der Sibirischen Schwertlilie *(Iris sibirica)*, beide locker über die Fläche verteilt. Dazwischen pflanzt man niedrige Arten wie Sumpf-Vergissmeinnicht *(Myosotis palustris)*, Pracht-Nelke *(Dianthus superbus)*, Kuckucks-Lichtnelke *(Lychnis flos-cuculi)* und Bach-Nelkenwurz *(Geum rivale)*.
Am Teichrand auch neben Hochstauden wie Eibisch *(Althaea officinalis)*, Blutweiderich *(Lythrum salicaria)* und Engelwurz *(Angelica* spp.).

WERT Wichtiges Überwinterungsquartier für Insekten, z. B. für Zikaden.

Kuckucks-Lichtnelke

Lychnis flos-cuculi

↑30–80 cm ✿ 5–7 ★

Heimisches Nelkengewächs *(Caryophyllaceae)*, vor allem auf feuchten Wiesen, an Fluss- und Bachrändern.

WUCHS Wintergrüne Halbrosettenpflanze, Blütenstängel hoch aufrecht.

BLÜTE Lockerer, trugdoldiger Blütenstand mit vielen schönen rosafarbenen Einzelblüten; in Bezug auf Kalk- und Nährstoffgehalt des Bodens ist sie indifferent, deshalb ein Joker. Braucht auf alle Fälle viel Sonne.

PFLEGE Jährlich mähen und das Mähgut anschließend von der Fläche entfernen.

VERWENDUNG Am besten flächig pflanzen, zusammen mit anderen zarten Arten, wie Sumpf-Vergissmeinnicht *(Myosotis palustris)*, Pracht-Nelke *(Dianthus superbus)* und Wollgras *(Eriophorum* spp.). Als Leitstaude passt der Langblättrige Blauweiderich *(Veronica longifolia)*.

WERT Gut für Bienen, Hummeln, Fliegen sowie Tag- und Nachtfalter. An den Stängeln finden sich häufig weiße, schaumige Nester der Larven der Schaumzikade.

Pfennigkraut

Lysimachia nummularia

↑5–15 ✿ 5–7 ★

Ein heimisches Primelgewächs *(Primulaceae)* für frische und feuchte Wiesen, Fluss- und Bachränder. Die Pflanze kommt in den gemäßigten Gebieten Europas und Asiens vor.

WUCHS Das Pfennigkraut ist eine immergrüne, kriechende, ausdauernde Staude.

BLÜTE Schöne gelbe Blüten, je nährstoffreicher der Standort, desto üppiger die Blüte.

PFLEGE Benötigt keine Pflege, vermehrt sich sehr gut über Ausläufer.

VERWENDUNG Ausgezeichneter Bodendecker, sowohl zwischen Pflanzen des Feuchtstandorts, als auch jenen des frischen Standorts. Kalk- und Nährstoffgehalt sind ihr egal, auch der Feuchtegehalt des Bodens. Vom Teichrand aus verbreitet sie sich sogar schwimmend mit den Wurzeln im Wasser in tiefere Bereiche des Teichs. Sie kriecht ebenso in Wiesen wie über Trockenmauern und Wege. Ein absoluter Joker. Pflanzen Sie für eine geschlossene Pflanzendecke 16 Stück pro m^2.

WERT Wird von einigen Wildbienen besucht.

SORTEN 'Aurea' bringt gelbgrüne Laubblätter hervor.

Punktierter Gilbweiderich

Lysimachia punctata

↑50–100 cm ✿ 6–8

Kommt aus der Türkei und Südeuropa, in Mitteleuropa häufig verwildert. Naturstandorte sind frische Waldränder, Hochstaudenfluren, Feuchtwiesen; steht gerne feucht, aber nicht nass. Kann auch im lichten Halbschatten stehen.

WUCHS Dieser Gilbweiderich wächst meist in Gruppen, er hat aufrechte, behaarte Stängel.

BLÜTE Leuchtend gelbe, rot gepunktete Blütenblätter.

PFLEGE Schneiden Sie ihn im Frühjahr knapp über dem Neuaustrieb ab. Flächig gepflanzt ideal, wenn man wenig Arbeitszeit in den Garten investieren will.

VERWENDUNG Für Teichrand und Sickermulde, im frischen Beet oder vor Hecken. Sehr wüchsig und konkurrenzstark. Nehmen Sie 7 Stück pro m^2.

WERT Die Pflanze produziert Öl statt Nektar als Lockstoff für Insekten. Vor allem besucht von Schwebfliegen und Wildbienen.

SORTEN 'Alexander' hat weißbuntes Laub.

Strauß-Gilbweiderich

Lysimachia thyrsiflora

↑30–70 cm ✿ 5–10

Weitverbreitetes, heimisches und ausdauerndes Primelgewächs *(Primulaceae)*, für feuchte Beete, Sümpfe und an Teichrändern. Das Wasser kann bis zu 10 cm über dem Wurzelballen stehen. Bezüglich des Kalkgehalts des Bodens verhält es sich indifferent.

WUCHS Aufrecht, unverzweigt.

BLÜTE Viele kleine Einzelblüten sind beim Strauß-Gilbweiderich zu einem fast kugeligen, gelben Blütenstand zusammengefasst.

PFLEGE Schneiden Sie die Pflanzen im Frühjahr knapp über dem Neuaustrieb ab.

VERWENDUNG Der Strauß-Gilbweiderich kann auch in die Röhrichtzone des Teichs gesetzt werden. Verwenden Sie 7 Stück pro m^2.

WERT Die Pflanze produziert Öl statt Nektar als Lockstoff für Insekten. Vor allem Schwebfliegen und Wildbienen besuchen sie.

ARTEN Der Rispen-Gilbweiderich *(Lysimachia vulgaris)* ist ein weiterer heimischer Gilbweiderich. Er ist nicht nur bzgl. des Kalk-, sondern auch des Nährstoffgehalts sehr tolerant und deshalb ein Joker. Er wächst nur in der Sumpfzone, verträgt keine ständige Überstauung.

Blutweiderich

Lythrum salicaria

↑50–200 cm ✿ 6–9 ★

Das heimische Weiderichgewächs *(Lythraceae)* kommt vor allem an Gräben, Ufern, in Nasswiesen, Röhrichten und Bruchwäldern vor. Wächst auch auf frischen Böden und auf halbschattigen Standorten. Der Nährstoffgehalt ist ihm beinahe egal, deshalb ein Joker im Garten.

BLÜTE Auffälliger, purpurfarbener Ähren-Blütenstand.

PFLEGE Versamt sich stark, trotzdem sollten Sie die verdorrten Blütenstände über den Winter stehen lassen, die Samen sind eine gute Nahrung für Singvögel. Man setzt 4 Stück pro m^2.

VERWENDUNG In Kombination mit anderen Hochstauden wie Eibisch *(Althaea officinalis)*, Wasserdost *(Eupatorium cannabinum)* und Engelwurz *(Angelica* spp.), auf frischen Böden mit Hoher Flammenblume *(Phlox paniculata)*, Spornblume *(Centranthus ruber)* und Astern.

WERT Futterpflanze für Wildbienen, Schmetterlinge, Fliegen und Käfer; Blätter sind Raupennahrung, z.B. für die Raupe des Weinschwärmers.

Wasser-Minze

Mentha aquatica

↑20–80 cm ✿ 7–9

Kommt in fast ganz Europa und Teilen Afrikas vor, an Gräben, Ufern, in Nasswiesen, bis zu einer Wassertiefe von ca. 20 cm.

WUCHS Ausdauernde Staude mit vierkantigen Stängeln.

BLÜTE Viele unscheinbare, kleine, violette Blütchen bilden einen kugeligen Blütenstand. Mehrere davon sind entlang des Stängels aufgereiht.

PFLEGE Einmal im Jahr abmähen genügt.

VERWENDUNG Für den Teichrand, am Übergang in die Röhrichtzone. Man pflanzt 6 Stück pro m^2.
Gute Teepflanze!

WERT Diese Minze ist wie alle Lippenblütler *(Lamiaceae)* ein guter Nektarspender für Honig- und Wildbienen, Fliegen und Schmetterlinge. Der Nektar enthält besonders viel Vitamin C. Minzen liefern nur wenig Pollen, der vor allem von Honigbienen um die Mittagszeit eingetragen wird; Wildbienen konsumieren nur Nektar. Rund 20 Schmetterlingsarten besuchen Minzen, z.B. Weißlinge, Landkärtchen, Ochsenauge, Heufalter. Die Raupe des Minzebären kann die Minze schon mal kahl fressen, das bringt sie aber nicht um. Auch die metallisch glänzenden Minzekäfer fressen ihre Laubblätter.

Ross-Minze

Mentha longifolium

↑30–80 cm ✿ 7–9

Verbreitung wie bei der Wasser-Minze, in Mitteleuropa vor allem in Mittelgebirgen oder den tieferen Lagen der Alpen zu finden, an Gräben, Ufern, in Nasswiesen.

BLÜTE Die zarten Blüten sitzen als Scheinquirle um die Stängel und bilden eine längliche Ähre.

PFLEGE Verbreitet sich stark über Ausläufer und Samen. Einmal im Jahr mähen. Man setzt 6 Stück pro m^2.

VERWENDUNG Schön als Begleitstaude zu wüchsigeren Arten, z.B. Sibirischer Schwertlilie *(Iris sibirica)*, Langblättrigem Blauweiderich *(Veronica longifolia)* oder auch Mädesüß *(Filipendula ulmaria)*.
Ergibt einen antiseptischen, verdauungsfördernden Tee, der aber nicht so schmackhaft ist wie Pfefferminz-Tee.

WERT Minzen sind Nektarspender für Honig- und Wildbienen, Fliegen und Schmetterlinge. Sie liefern nur wenig Pollen, der vor allem von Honigbienen genutzt wird. Wildbienen konsumieren nur Nektar. Rund 20 Schmetterlingsarten besuchen Minzen, auch die Roß-Minze.

Sumpf-Vergissmeinnicht

Myosotis palustris Syn. *scorpioides*

↑20–60 cm ✿ 5–9

Heimisches Raublattgewächs *(Boraginaceae)*, kommt von Europa bis Westasien vor.
WUCHS Filigrane, krautige aber ausdauernde Pflanze.
BLÜTE Bekommt viele zarte Einzelblüten im typischen »Vergißmeinnicht-Blau«.
PFLEGE Das Sumpf-Vergissmeinnicht ist wenig durchsetzungsstark, man muss Konkurrenz jäten. Setzen Sie 11 Stück pro m².
VERWENDUNG Nur mit anderen zarten Arten kombinieren. Passend sind u.a. Breitblättriges Wollgras *(Eriophorum latifolium)*, Kuckucks-Lichtnelke *(Lychnis flos-cuculi)* und Bach-Nelkenwurz *(Geum rivale)*.
WERT Am häufigsten werden die Blüten von Honigbienen besucht, aber auch von Wildbienen, Fliegen und bis zu 20 Tagfalterarten wie Weißlinge, Augenfalter und Bläulinge. Alle Besucher stoßen mit dem Rüssel eiweißhaltigen Pollen durch die schmale Kronröhre in den Nektar und erhalten so eine hochwertige Zucker-Eiweiß-Mischung.
SORTEN 'Ice Pearl' blüht weiß, von Mai bis August. 'Pinkie' bekommt rosafarbene Blüten und 'Maytime' glänzt mit hellgrün-weiß gestromten Laubblättern.

Schlangen-Knöterich

Polygonum bistorta

↑20–100 cm ✿ 5–8

Das Knöterichgewächs *(Polygonaceae)* wächst in Europa, den gemäßigten Zonen Asiens, in Marokko und Pakistan auf feuchten Fettwiesen, an Gräben und Ufern.
WUCHS Sein Rhizom ist schlangenartig gewunden, daher sein Name. Wuchs aufrecht unverzweigt.
BLÜTE Viele kleine, zartrosa Blüten ergeben eine lange, schmale Scheinähre; gute Schnittblume.
PFLEGE Einmal jährlich mähen reicht.
VERWENDUNG Schön in wiesenartiger Pflanzung mit ähnlich hohen und konkurrenzstarken Arten wie Langblättrigem Blauweiderich *(Veronica longifolia)*, Sumpf-Ziest *(Stachys palustris)* und Gräsern wie Flatter-Binse *(Juncus effusus)* oder Blauem Pfeifengras *(Molinia caerulea)*. Man pflanzt 7 Stück pro m².
WERT Als lang blühende Art ist er besonders wertvoll für Honig- und Wildbienen, Fliegen und fast 20 Falterarten.
SORTEN 'Superbum' hat größere Blüten und eine intensivere Färbung.

Sumpf-Ziest
Stachys palustris

↑30–100 cm ✿ 6–9

Sumpf-Ziest ist ein ausdauernder Lippenblütler *(Lamiaceae)*, der in den gemäßigten Zonen Eurasiens heimisch ist. Seine Naturstandorte sind feuchte Wiesen, Gräben, Ufer, Auwälder.
WUCHS Ausdauernd und aufrecht mit schmalen Blättern; bildet Ausläufer.
BLÜTE Seine Scheinquirle mit den Einzelblüten ergeben einen ährigen, straff aufrechten Blütenstand. Die Lippenblüten sind rosa mit purpurfarbener Zeichnung.
PFLEGE Einmal jährlich mähen reicht, das Mähgut sollte entfernt werden. Man benötigt 10 Stück pro m².
VERWENDUNG Ähnlich wie Schlangen-Knöterich passt er gut in wiesenartige Kombinationen mit ähnlich hohen, konkurrenzstarken Arten wie Langblättrigem Blauweiderich *(Veronica longifolia)*, Wiesen-Storchschnabel *(Geranium pratense)* und Braunelle *(Prunella grandiflora)* als Bodendecker.
Als Wildgemüse verwendet man die jungen Blätter gehackt in Aufstrichen, Salaten, Soßen und Suppen.
WERT Gute Futterpflanze für Honig- und Wildbienen, Hummeln und Schmetterlinge wie Widderchen und Zitronenfalter.

Echter Arznei-Baldrian
Valeriana officinalis

↑70–150 cm ✿ 7–8

Das Baldriangewächs *(Valerianaceae)* ist in fast ganz Europa an feuchten Standorten heimisch.
WUCHS Ausdauernde Pflanze mit gefiederten Blättern.
BLÜTE Die Blüten sind weiß bis blassrosa und entfalten den typischen Baldriangeruch.
PFLEGE Einmal jährlich mähen und das Mähgut entfernen; verbreitet sich durch seine feinen Flugsamen im ganzen Garten. Pflanzen Sie 11 Stück pro m².
VERWENDUNG Leitpflanze mit schönem Blühaspekt für Feuchtbereiche und den Teichrand. Sie können ihn auch in den Gemüsegarten setzen, denn er zieht Regenwürmer an.
Aus der Wurzel kann man Tee herstellen, der beruhigend, schlaffördernd und krampflösend wirken soll.
WERT Futterpflanze für Wildbienen, Fliegen, Käfer und Tagfalter wie Kleinen Fuchs, Ochsenauge, Weißlinge, Tagpfauenauge, verschiedene Widderchen (tagaktive Nachtfalter).

Langblättriger Blauweiderich

Veronica longifolia

↑40–120 cm ✿ 7–8

Synonym: *Pseudolysimachion.* Wird nun den *Scrophulariaceae*, den Braunwurzgewächsen, zugeordnet.
WUCHS Ausdauernd, schlank, aufrecht, mit lanzettlichem Laub und behaarten Stängeln.
BLÜTE Auffällige traubige Blütenstände in einem attraktiven, blau-lilafarbenen Ton.
PFLEGE Jährlich mähen und das Mähgut entfernen.
VERWENDUNG Gut am Teichrand oder in der Sickermulde. Schön für Farbbeete in Blau/Lila/Weiß oder bei wiesenartiger Beetgestaltung. In Pflanzungen mit Hochstauden wie Blutweiderich *(Lythrum salicaria)* nicht ausreichend konkurrenzstark. Verträgt auch gelegentliche Überflutungen und mäßig nährstoffreiche Böden. Man pflanzt 6 Stück pro m^2.
WERT Hauptbestäuber sind Honigbienen, Wildbienen und Schwebfliegen.
SORTEN 'Dark Maetje' hat eine besonders dunkle Blütenfarbe, gute Schnittstaude; 'Pink Damask' blüht rosa und wird nur 60 cm hoch, 'Schneeriesin' blüht weiß, sie ist eine wüchsige, robuste Sorte. Alle Sorten eignen sich gut als Schnittblumen.

Ökologisch wertvolle Gehölze für diesen Standort

Botanischer Name	Deutscher Name	Höhe, Blütezeit und Blütenfarbe
Acer campestre	Feld–Ahorn	2–15 m, Mai, gelbgrün
Alnus glutinosa	Schwarz–Erle	10–25 m, Mrz–Mai, rötlich/gelb
Betula pendula	Hänge–Birke	10–20 m, Apr–Mai, gelb
Frangula alnus	Faulbaum	1–4 m, Apr–Mai, weiß
Salix alba	Silber–Weide	5–30 m, Mrz–Mai, gelb
Salix caprea	Sal–Weide	1–7 m, Mrz–Mai, gelbgrün
Salix cinerea	Grau–Weide	2–4 m, Mrz–Apr, gelbgrün
Salix repens	Kriech–Weide	0,2–1 m, Apr–Mai, gelbgrün
Salix reticulata	Netz–Weide	5–10 cm, Jul–Aug, gelbgrün
Sorbus aucuparia	Vogelbeere	5–12 m, Mai–Jun, cremeweiß
Viburnum opulus	Gemeiner Schneeball	1–5 m, Mai–Jun, cremeweiß

Der Blutweiderich *(Lythrum salicaria)* ist charakteristisch und wichtig für Feuchtstandorte, weil er lange blüht und vielen Insekten Nahrung bietet, hier einer Holzbiene.

Kombinationsmöglichkeiten

Dieser Standort bietet Wasser und Nährstoffe im Überfluss. Pflanzen, die es von der genetischen Disposition her können, wuchern hier. Die Klassiker daraus sind Blutweiderich *(Lythrum salicaria)*, Mädesüß *(Filipendula ulmaria)*, Wasserdost *(Eupatorium cannabinum)* und die Gilbweideriche *(Lysimachia* spp.). Der Echte Eibisch *(Althaea officinalis)* kann hier bis zu 2 m hoch werden und einen Durchmesser von 80 cm erreichen. Ihnen allen müssen Sie im Beet genug Raum geben, sonst verdrängen sie die anderen, oder Sie kombinieren sie nur untereinander. Zarte Arten setzen Sie, wenn möglich, in ein eigenes Beet oder einen anderen Bereich. Als Leitstauden gelten dann auch der Langblatt-Blauweiderich *(Veronica longifolia)* und der Schlangen-Knöterich *(Polygonum bistorta)*. Zusammen mit der Pracht-Nelke *(Dianthus superbus)*, der Kuckucks-Lichtnelke *(Lychnis flos-cuculi)* und dem Sumpf-Vergissmeinnicht *(Myosotis palustris)* ergeben sie ein feines, blasses Beet. Gut passen dazu auch Wollgräser, das Breitblättrige Wollgras *(Eriophorum latifolia)* für kalkhaltige und das Schmalblättrige Wollgras *(E. angustifolia)* für saure Böden. Die Sumpf-Dotterblume *(Caltha palustris)* verträgt auch Standorte, die weniger feucht sind. Dort passt sie gut zum hochgiftigen Eisenhut *(Aconitum napellus)*, dem bodendeckenden Pfennigkraut *(Lysimachia nummularia)* und der Sumpf-Wolfsmilch *(Euphorbia palustris)*.

Im Pflanzvorschlag ist alles enthalten: Leitstauden (Blutweiderich, Wasserdost, Mädesüß), Begleitstauden (Baldrian, Schwertlilie und Ross-Minze) und Bodendecker (Heil-Ziest und Bach-Nelkenwurz). Für die meisten Zwiebelblumen (Tulpe, Narzisse, Krokus etc.) ist der Boden hier zu feucht, sie würden verfaulen. Nur jene, die am Naturstandort in Auwäldern stehen (Schneeglöckchen, Frühlings-Knotenblume) eignen sich. Sie finden sie im folgenden Kapitel beschrieben. Wenn Platz ist, setzen Sie eine Weide *(Salix* spp.) in die Nähe, sie ist wichtig für frühe Flieger.

Pflanzvorschlag für ein 3 m² großes, ständig feuchtes Beet

Anzahl	Name	Botanischer Name	J	F	M	A	M	J	J	A	S	O	N	D
5	Heil-Ziest	*Betonica officinalis*							x	x				
1	Wasserdost	*Eupatorium cannabinum*							x	x	x			
3	Echtes Mädesüß	*Filipendula ulmaria*							x	x	x			
5	Bach-Nelkenwurz	*Geum rivale*					x	x	x					
1	Sibirische Schwertlilie	*Iris sibirica*					x	x						
1	Blutweiderich	*Lythrum salicaria*						x	x	x	x			
3	Ross-Minze	*Mentha longifolia*							x	x	x			
5	Echter Arznei-Baldrian	*Valeriana officinalis*							x	x				

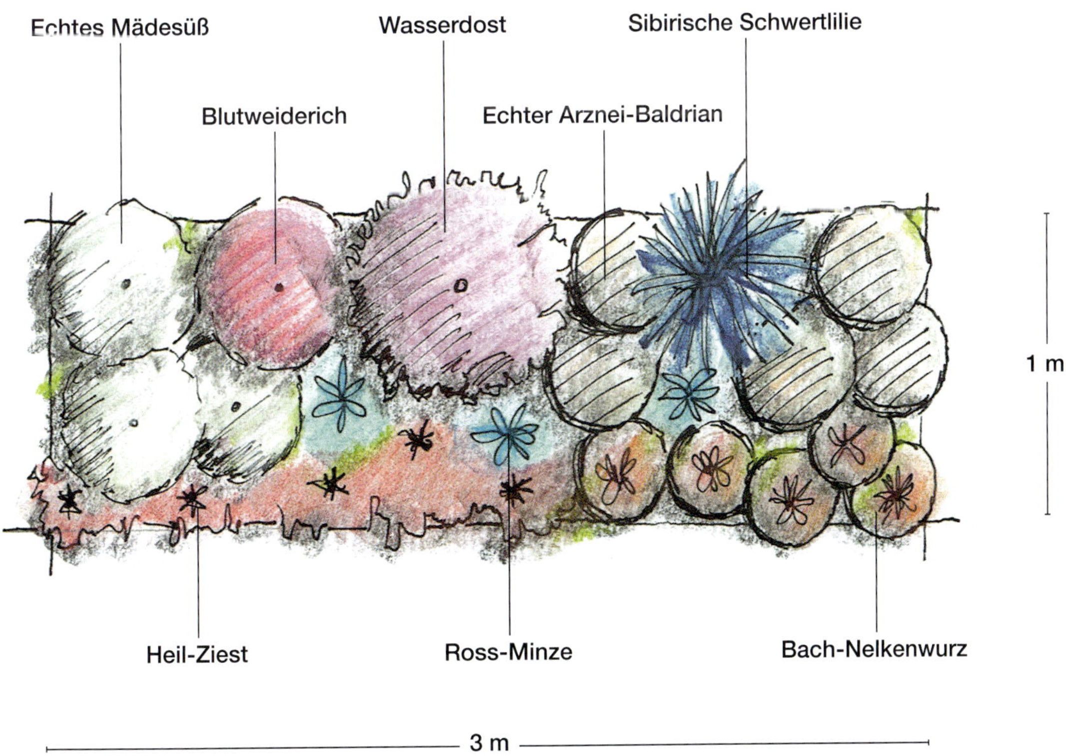

Am halbschattigen Gehölzrand bilden die Gefleckte Taubnessel *(Lamium maculatum)* und die Große Sternmiere *(Stellaria holostea)* schon ab April ein buntes Blütenband.

Halbschattig, frisch und nährstoffreich

Halbschatten, das klingt etwas diffus, wie eine Zwischenwelt. Der Mensch hat aber selbst den Halbschatten definiert: als Platz, der an einem Teil des Tages im Schatten liegt und an einem anderen Teil, meist in der Früh oder am Spätnachmittag, Sonne bekommt. Ein gutes Beispiel ist die Ostseite einer Hecke oder Mauer, die Morgensonne bekommt, ab Mittag dann im Vollschatten liegt. Gibt es hier ausreichend Wasser und Nährstoffe, arrangieren sich viele Pflanzen mit dem limitierten Faktor Licht. Wobei wir hier schon den Unterschied zwischen Hecke und Mauer beachten müssen.

Schattensaison

Eine Mauer bedingt immer, das ganze Jahr über, völligen Schatten. Eine Hecke aus Laubgehölzen ist im zeitigen Frühling, im Spätherbst und im Winter kahl und lässt Licht zwischen den Zweigen durch. Das nutzen Frühjahrsblüher wie Busch-Windröschen *(Anemone nemorosa)*, Gelbes Windröschen *(Anemone ranunculoides)* und Schneeglöckchen *(Galanthus nivalis)*. Diese Frühjahrsblüher sowie Duft-Veilchen *(Viola odorata)*, Hohe Schlüsselblume *(Primula elatior)*, Leberblümchen *(Hepatica nobilis)*, die Schneero-

Die Frühlings-Platterbse *(Lathyrus vernus)* können Sie als farbenprächtigen Bodendecker unter Laubgehölzen einsetzen.

sen-Arten *(Helleborus* spp.) und die Frühlings-Platterbse *(Lathyrus vernus)* können unter Laubgehölzen deshalb auch dann gesetzt werden, wenn man den Standort mit Fug und Recht als schattig bezeichnen kann. Grundsätzlich funktioniert das auch mit der Wald-Erdbeere *(Fragaria vesca)*, aber wenn es zu schattig ist, treibt sie keine Blüten und produziert somit keine Erdbeeren.

Im Gegensatz zu einem Gebäude werden Gehölze auch vom Wind bewegt und so entstehen im Gehölzschatten immer wieder Bereiche, in denen die Sonnenstrahlen bis zum Boden durchdringen können. Bereiche, die durch Hecken oder Bäume beschattet werden, sind also nie so dunkel wie Flächen, die von Gebäuden beschattet werden. Dazu kann eine Fläche im Sommer, wenn die Sonne hochsteht, durchaus sonnig sein, im Frühling und Herbst, bei niedrigem Sonnenstand, liegt sie eher schattig.

Fließende Übergänge

Wenn die Situation nicht eindeutig ist, empfiehlt es sich, bei den Arten dieses Kapitels zu bleiben. Ihre Bandbreite geht durchaus etwas in beide Richtungen, sonnig und schattig. Liegt das Beet doch sonniger als gedacht, funktionieren die Pflanzen für den Halbschatten dann, wenn die Wasserversorgung gut ist und der Boden eher wasserspeichernd und lehmig. Entweder es gibt ohnehin reichlich Niederschlag oder es wird verlässlich bewässert, dann können sogar Pflanzen des Kapitels »Beste Bedingungen: viel Sonne, Wasser, Nährstoffe« ausprobiert werden, besonders solche, die als Joker hinsichtlich Licht gekennzeichnet sind. Liegt das Beet schon eher schattig, kann man dennoch die Arten aus dem Bereich Halbschatten versuchen. Oft wachsen sie dort trotzdem recht gut, zeigen ihr Missfallen aber durch den Mangel an Blüten. Besteht der Schattenspender aus

Oben Der Wald-Storchschnabel *(Geranium sylvaticum)* bringt ein helles Violett in dunklere Gartenecken.
Unten Ein Weißfleck-Widderchen macht sich über den Nektar der Großen Sterndolde *(Astrantia major)* her.

Nadelgehölzen, z.B. *Thuja*, ist es besser, mit Stauden des Schattenkapitels (→ S. 150) zu arbeiten.

Lassen Sie die Sonne herein!

Manch schattigen Bereich können Sie leicht zu einem halbschattigen Beet umwandeln. Etwa indem Sie eine vorhandene *Thuja*-Hecke durch eine gemischte Blüten-hecke mit überwiegend heimischen Pflanzen ersetzen. Darüber freuen sich auch Insekten und Vögel. Hecken aus Laubgehölzen lassen immer mehr Licht durch als solche, die aus Nadelgehölzen bestehen. Vielleicht lässt sich die Beschattung aber auch schon regulieren, indem die Hecke etwas niedriger gehalten wird als bisher und sie ein bisschen ausgedünnt wird.

Pflanzenvielfalt

Grundsätzlich ist es auf jedem Standort gut, eine große Vielfalt an Pflanzen einzuplanen. Erstens für den Erhalt der Artenvielfalt, zweitens stört es weniger, wenn einige Pflanzen die Bedingungen doch nicht vertragen. Fallen welche aus, schließt sich die Lücke meist von selbst durch die Arten, für die der Platz gerade richtig ist. Oder Sie setzen noch ein paar Exemplare der erfolgreichen Arten dazu.

Lückenfüller

Der Klassiker in diesem Bereich sind die Gewöhnliche Akelei *(Aquilegia vulgaris)* und die Schwarzviolette Akelei *(Aquilegia atrata)*. Beide findet man nach 2–3 Jahren überall im Garten wieder, nur nicht dort, wo man sie einst gepflanzt hat. Sie gehören zu den Streupflanzen, d.h., sie streuen ihre Samen überall dort hin, wo gerade ein freies Fleckchen Erde zu finden ist. Beide streuen auch gerne auf sonnige Flecken, wobei die Schwarzviolette Akelei mehr Trockenheit verträgt. Durch diese Sprunghaftigkeit sind sie ideal geeignet für Plätze mit fraglicher Lichtversorgung. Weitere Pflanzen, die zur Landnahme neigen, sind solche, die sich über Ausläufer vermehren. Auch sie nutzen jede freie Lücke, um ihre Wurzeln in den Boden zu senken. Ein absoluter Joker unter den Ausläufertreibenden ist der Kriechende Günsel *(Ajuga reptans)*. Er ist zwar eine typische Halbschattenpflanze, kriecht aber auch gerne zwischen höhere Stauden, die richtig Schatten werfen. Hier kommt er leider selten zur Blüte. Schade, denn die intensiv dunkelblauen Blüten sind für Menschen und Insekten attraktiv. Dem Kriechenden Günsel ziemlich ähnlich, wenn auch nicht so auffällig, ist der Gundermann *(Glechoma hederacea)*. Auch die Große Sternmiere *(Stellaria holostea)* kriecht am Boden entlang, wobei sie versucht, in hellere Bereiche zu gelangen. Sie ist mit ihren weißen Sternenblüten der perfekte Partner für die gleichzeitig blühende Frühlings-Platterbse *(Lathyrus vernus)*. Auch die Gefleckte Taubnessel *(Lamium maculatum)* verbreitet sich gut im Beet, bieten Sie ihr eher hellen Halbschatten, neigt sie sogar zum Wuchern. An einem solchen Ort sollte sie nur mit Hochstauden wie Ausdauerndem Silberblatt *(Lunaria rediviva)* oder Wolligem Fingerhut *(Digitalis lanata)* kombiniert werden.

Immergrün

Sehr durchsetzungskräftig und netterweise auch wintergrün ist die Hänge-Segge *(Carex pendula)*. Sie muss aber beobachtet werden, sonst verbreitet sie sich via Aussaat im ganzen Beet. Gerade in kleinen Gärten wird es geschätzt, wenn auch im Winter Grün und Struktur zu sehen sind. Dafür eignen sich neben der Hänge-Segge noch die Große Hainsimse *(Luzula sylvatica)* und der Hirschzungenfarn *(Asplenium scolopendrium)*. Als dankbarer Bodendecker empfiehlt sich das Kleine Immergrün (*Vinca minor*). Das hätte ich auch bei den Lückenfüllern erwähnen können, weil es Ausläufer treibt. Es ist in der natürlichen, blauen Blütenfarbe, aber auch mit weißen oder violetten Blüten erhältlich. In einem etwas schattigeren Garten dienen weiße Blüten immer der Aufhellung.

Frosttrocknis

Immergrüne oder wintergrüne Pflanzen, die ihr Laub, respektive ihre Nadeln, im Winter nicht abwerfen, verdunsten bei Sonnenschein auch im Winter über die Blattoberflächen Wasser. Oft ist der Boden im Winter gefroren, selbst wenn die Sonne scheint, und die Pflanze kann aus dem gefrorenen Boden mit den Wurzeln kein Wasser aufnehmen. Sie kann das über die Blätter verdunstete Wasser also nicht ersetzen und vertrocknet. Sie sollten diese Pflanzen in sonnigen Wintern mit lauwarmem Wasser gießen, sobald der Boden etwas offen ist und das Wasser zu den Wurzeln gelangen kann.

Große Auswahl an Gehölzen

Im Halbschatten wachsen auch einige Gehölze aus den vorhergehenden Standortempfehlungen. Feld-Ahorn *(Acer campestre)*, Roter Hartriegel *(Cornus sanguinea)*, Kornelkirsche *(C. mas)*, Traubenkirsche *(Prunus padus)*, Sal-Weide (*Salix caprea)*, Holunder *(Sambucus nigra)*, Vogelbeere *(Sorbus aucuparia)* und Wolliger Schneeball *(Viburnum lantana)* können Sie auch in den Halbschatten setzen. Sie werden dort vielleicht nicht so kompakt, sondern eher lang und schmal, weil sie dem Licht entgegenwachsen. Sie setzen etwas weniger Blüten an, aber die Pflanzen können damit leben. Alle Gehölze für den Schatten *(→ S. 159)* können Sie problemlos im Halbschatten verwenden. Von den Gehölzen für den Halbschatten *(→ S. 145)* ist die Haselnuss *(Corylus avellana)* eines der wertvollsten für Tiere. Sie verträgt einen Sonnenstandort mit ausreichend Wasser und auch Schattenstandorte, bildet dort allerdings weniger Früchte. Die Gewöhnliche Heckenkirsche *(Lonicera xylosteum)* bildet im Halbschatten die meisten duftenden Blüten, was besonders Nachtfalter freut. Sie kommt aber auch mit Schattenlagen gut zurecht, blüht dann eben weniger. Sie eignet sich besonders für Plätze neben Laubbäumen, die noch wachsen und künftig noch mehr Schatten werfen werden. Die Vogel-Kirsche *(Prunus avium)* ist die Stammform unserer Kulturobst-Kirschen, braucht aber weniger Licht als diese. Reicht es also nicht für eine »richtige« Kirsche im Garten, können Sie mit der Vogel-Kirsche immerhin Vögeln, Insekten und Säugetieren den Tisch decken.

Großer Odermennig

Agrimonia procera

↑50–180 cm ✿ 6–8

Ein heimisches Rosengewächs *(Rosaceae)*, das es halbschattig und trocken bis frisch mag, bei mittlerem Nährstoffbedarf. In Deutschland als ungefährdet, in Österreich als gefährdet eingestuft.

WUCHS Aufrecht wachsende, ausdauernde Staude mit unpaarig gefiederten Laubblättern. Der Blütenstand ragt grazil weit über das Laub hinaus. Auch das Laub duftet.

BLÜTE Duftende, gelbe Blüten an kerzenförmigen, schlanken Blütenständen.

VERWENDUNG Im Garten vor Hecken oder als Leitstaude im Beet. Schön, wenn man ihn solitär über die Fläche verteilt und mit niedrigeren Bodendeckern kombiniert, z.B. mit Frühjahrsblühern wie Busch-Windröschen *(Anemone nemorosa)*, Gelbem Windröschen *(Anemone ranunculoides)* oder auch mit Kriechendem Günsel *(Ajuga reptans)*. Pflanzen Sie 7 Stück pro m².
Die Blüten können Sie als essbare Deko verwenden. Die Pflanze war bereits den alten Ägyptern als Heilpflanze bekannt, auch heute wird sie in Arzneien für den Verdauungstrakt und gegen Entzündungen verwendet.

WERT Bestäubung vor allem durch Honig- und kleine Wildbienen sowie Schwebfliegen.

Bergwiesen-Frauenmantel

Alchemilla monticola

↑10–20 cm ✿ 5–8

Heimisches Rosengewächs *(Rosaceae)* für halbschattige, mittelfeuchte und eher nährstoffarme Standorte.

WUCHS Ausdauernde, krautige Pflanze mit auffälligem, handförmig gelapptem Laub.

BLÜTE Aus vielen kleinen Blättern zusammengesetzter, eher unauffälliger Blütenstand in Gelbgrün.

PFLEGE Verdorrtes Laub abschneiden, ohne dabei in den oberirdischen Wurzelstock zu schneiden.

VERWENDUNG Mit 7 Stück pro m² als Füll- und Begleitstaude oder als Beeteinfassung verwenden.
Junge Blätter können Sie für Frühlingssalate und Kräuterquark nutzen. Als Heilkraut wirkt die Pflanze wundheilend, entzündungshemmend und blutreinigend.

WERT Futterpflanze für verschiedene Schmetterlinge, Hummeln und Fliegen.

ARTEN Ähnlich sind der heimische Gemeine Frauenmantel *(Alchemilla vulgaris)* und der im Handel oft erhältliche Weiche Frauenmantel *(Alchemilla mollis)*.

Busch-Windröschen

Anemone nemorosa

↑10–20 cm ✿ 3–5 ★

Heimisches Hahnenfußgewächs *(Ranunculaceae),* das in der Natur in (halb-)schattigen, frischen bis feuchten, humusreichen Laubwäldern wächst. Giftig!

WUCHS Flächendeckender Frühjahrsblüher, der blüht, bevor der Laubwald darüber das Blätterdach schließt. So erschließt sich die Pflanze einen Standort, der Wochen später schon als schattig zu beschreiben ist. Die Energie dafür nimmt das Busch-Windröschen aus seinem waagrecht am Boden liegenden, bewurzelten Stämmchen. In Bezug auf Licht, Kalk- und Nährstoffgehalt ist es sehr flexibel, deshalb ein Joker.

BLÜTE Bis 4 cm große, weiße bis rosafarbene Sternchenblüten.

VERWENDUNG Sehr dichter, schön blühender Bodendecker, der gut in Kombinationen mit spät austreibenden Pflanzen wie Farnen, Wald-Geißbart *(Aruncus dioicus)* und schlanken Stauden wie Glockenblumen *(Campanula* spp.) passt. Nehmen Sie 18 Stück pro m².

WERT Nektarlos, bietet aber eiweißreichen Pollen, der wichtig für früh fliegende Honig- und Wildbienen ist. Auch Käfer nutzen das Pollenangebot.

Gelbes Windröschen

Anemone ranunculoides

↑20–25 cm ✿ 4–5

Heimisches Hahnenfußgewächs *(Ranunculaceae)*, wächst wie *A. nemorosa* (→ *oben*). Giftig!

WUCHS Flächendeckender Frühjahrsblüher, der blüht, bevor der Laubwald darüber das Blätterdach schließt. Blüht etwas später als das weiße Busch-Windröschen, und ist bei Weitem nicht so flexibel. Es braucht kalk- und nährstoffreichen Boden.

BLÜTE 2–3 sattgelbe, sternförmige Blüten pro Pflanze.

VERWENDUNG Sehr dichter, schön blühender Bodendecker, gut in Kombination mit der ebenfalls gelb blühenden Mandelblättrigen Wolfsmilch *(Euphorbia amygdaloides)* und Farnen. Für eine flächige Pflanzung benötigt man 18 Stück pro m².

WERT Bildet wie *A. nemorosa* keinen Nektar, aber viel Pollen; wichtig für früh fliegende Honig- und Wildbienen.

ARTEN *Anemone × lipsiensis* ist eine Naturhybride aus *A. nemorosa* und *A. ranunculoides* mit pastellgelber Blütenfarbe.

Kriechender Günsel

Ajuga reptans

↑10–30 cm ✿ 4–6

Häufig natürlich vorkommender, heimischer Lippenblütler *(Lamiaceae)*.

WUCHS Ausdauernde, robuste, niedrig wachsende, krautige Pflanze mit kantigen, aufrechten Blütenstängeln; bildet lange Ausläufer.

BLÜTE Auffällige, aufrechte, leuchtend blaue bis violette Blütenkerzen.

PFLEGE Verträgt auch gelegentliche Mahd.

VERWENDUNG Der Kriechende Günsel ist ein ausgezeichneter Bodendecker, der, wie der Name schon sagt, mit Ausläufern über den Boden kriecht. Für Halbschattenbeete in Kombination mit eher zarteren, höheren Arten, damit er auch noch zur Geltung kommt. Als Partner eignen sich Schwarzviolette Akelei *(Aquilegia atrata)*, Große Sterndolde *(Astrantia major)* und Türkenbund-Lilie *(Lilium martagon)*. Man pflanzt 12 Stück pro m^2. Im Blumenrasen ist er ein wesentlicher Bestandteil, und kommt in den seltener gemähten Bereichen zur Blüte.

WERT Der Nektar ist gut erreichbar für langrüsselige Hummeln, Tagfalter (Schwalbenschwanz, Segel-, Distel- und Heufalter) und den Hummelschwärmer. (Wild-)Bienen müssen sich etwas anstrengen.

Schwarzviolette Akelei

Aquilegia atrata

↑20–60 cm ✿ 6–7

Heimisches Hahnenfußgewächs *(Ranunculaceae)*; braucht halbschattige, nährstoffarme, eher kalkreiche Standorte; regional gefährdet und schwach giftig. Kommt vor allem im Alpenraum vor.

WUCHS Zierliche, mehrjährige, aber kurzlebige Pflanze.

BLÜTE Die Blüte zeigt ein seltenes Violettbraun.

PFLEGE Als Streupflanze braucht sie immer wieder offenen Boden im Beet, damit sie sich versamen kann. Sie verträgt mehr Trockenheit als die Gewöhnliche Akelei *(Aquilegia vulgaris)*.

VERWENDUNG Im halbschattigen Beet ergibt sich eine interessante Kombination mit dem Braunen Storchschnabel *(Geranium phaeum)*, der eine ähnliche Blütenfarbe hat, und der weißen Form des Immergrüns *(Vinca minor* 'Alba') als Bodendecker dazwischen. Sie brauchen 16 Stück pro m^2.

WERT Nur Hummeln erreichen den Nektar, Honigbiene und einige kleine Furchenbienen sammeln den Pollen.

Hirschzungenfarn

Asplenium scolopendrium

↑10–60 cm ✿ 7–9

Synonym: *Phyllitis scolopendrium*
Streifenfarngewächs *(Aspleniaceae)*, das lichte bis schattige Standorte mit frischen, kalkhaltigen und humusreichen Böden liebt. Kommt natürlich in den gemäßigten Zonen der Nordhalbkugel vor, vor allem in eher wintermilden Gegenden.

WUCHS Aufrechte oder bogig überhängend wachsende, ganzrandige Wedel. Der Hirschzungenfarn ist ausdauernd und wintergrün und schon deshalb ein wertvoller Bestandteil des Halbschattenbeetes.

PFLEGE Ein Rückschnitt ist aufgrund der wintergrünen Wuchsform nicht sinnvoll.

VERWENDUNG Vor Hecken, im halbschattigen bis schattigen Beet. Da sein Laub glänzend dunkelgrün ist, ist eine Kombination mit weiß blühenden Pflanzen gefällig: Waldmeister *(Galium odoratum)*, Bärlauch *(Allium ursinum)*, Große Sternmiere *(Stellaria holostea)* und Schneeglöckchen *(Galanthus nivalis)* eignen sich als Bodendecker dazu. Pflanzen Sie 3 Stück pro m².

WERT Winterquartier für Käfer und Co.

SORTEN Es gibt auch eine Sorte mit krausen, kammartigen Blättern: 'Cristata'.

Große Sterndolde

Astrantia major

↑30–100 cm ✿ 6–8

Heimischer Doldenblütler *(Apiaceae)*, am Naturstandort regional bereits gefährdet, bevorzugt kalkreiche Böden.

WUCHS Ausdauernde Staude mit aufrechten, fast kahlen Blütenstängeln.

BLÜTE Weiße bis blassrosa Blütendolden in Sternform.

PFLEGE Rückschnitt nach der Blüte führt zur Zweitblüte.

VERWENDUNG Je nach Partner als Leit- oder Begleitstaude. Als Leitstaude mit niedrigen Pflanzen wie Kriechendem Günsel *(Ajuga reptans)* und Gundermann *(Glechoma hederaceae)*, als Begleitstaude z.B. mit Ausdauerndem Silberblatt *(Lunaria rediviva)* oder Wald-Geißbart *(Aruncus dioicus)*. 7 Stück pro m².

WERT Futterpflanze für Wildbienen, Fliegen und Käfer.

SORTEN 'Abbey Road' blüht in einem intensiven Dunkelrot, 'Snow Star' öffnet große, weiße Blüten bis September, 'Star of Beauty' blüht ebenfalls bis September, aber in Violett. Alle Sterndolden sind gute Schnittblumen für die Vase.

Pfirsichblättrige Glockenblume

Campanula persicifolia

↑30–80 cm ✿ 6–8

In ganz Europa heimisches Glockenblumengewächs *(Campanulaceae)*; kommt bis zu einer Höhe von ca. 1.000 m auch auf mageren Böden vor.
WUCHS Bildet wintergrüne Blattrosetten und sehr hohe Blütenstängel.
BLÜTE Blauviolette Blüte in typischer Glockenform;
PFLEGE Rückschnitt nach der Blüte führt manchmal zur Nachblüte.
VERWENDUNG Schöne Streupflanze, wandert durch Selbstaussaat im Beet; eignet sich gut für lockere, natürlich wirkende Mischpflanzung im Halbschatten. Man setzt 16 Stück pro m².
In der Wildkräuterküche werden Blüten, Blätter und Samen für Salate und Gemüse genutzt.
WERT Die Blüten bieten den ganzen Tag Pollen an, der von Honig- und Wildbienen genutzt wird. Der Nektar ist für alle lang- und kurzrüsseligen Bienen erreichbar. Glockenblumen werden auch von Schmetterlingen, z.B. Zitronenfaltern, Käfern und Ameisen besucht.
SORTEN 'Grandiflora Alba' mit größeren, weißen Blüten, 'Grandiflora Caerulea' mit größeren, violettblauen Blüten. Alle sind gute Schnittstauden.

Hänge-Segge

Carex pendula

↑70–150 cm ✿ 5–6

Ein heimisches Sauergrasgewächs (*Cyperaceae*) für schattige, frische bis feuchte, humusreiche Standorte.
WUCHS Die Hänge-Segge ist eine sehr kräftige, immergrüne ausdauernde Pflanze mit dichtem Horst und einem kräftigen, holzigen Wurzelstock (Rhizom). Sie treibt keine Ausläufer. Die bogig überhängenden Blätter sind auch im Winter attraktiv.
BLÜTE Die Gräserblüte ist nicht besonders spektakulär, sorgt aber für jede Menge Samen, mit denen sich die Pflanze stark verbreitet.
PFLEGE Jungpflanzen zeitgerecht jäten, bevor sie sich zu stark im Beet ausbreiten. Man setzt 3 Stück pro m².
VERWENDUNG Als immergrüne Leitpflanze in halbschattigen bis schattigen Beeten. Ihre Blätter sind dunkelgrün und daher hübsch kontrastierend mit hell blühenden Stauden wie Großer Sternmiere *(Stellaria holostea)* oder dem Wald-Vergissmeinnicht *(Myosotis sylvatica)*.
WERT Ganzjähriger Rückzugsort für Insekten.

Maiglöckchen

Convallaria majalis

↑10–20 cm ✿ 5–6

Ein Liliengewächs *(Liliaceae)*, das in halbschattigen, humusreichen Laubwäldern in fast ganz Europa bis zu einer Höhe von knapp 2.000 m zu Hause ist. Die ganze Pflanze ist hochgiftig, besonders einladend sind die roten, kugeligen Früchte.

WUCHS 2–3 Blätter pro Pflanze entspringen direkt dem Wurzelstock. Sie sind elliptisch, spitz zulaufend und frischgrün. Wegen des ähnlichen Laubs nicht in der Nähe von Bärlauch *(Allium ursinum)* pflanzen. Verwechslungsgefahr!

BLÜTE Hängender Blütenstand von bis zu 10 weißen Glöckchenblüten mit charakteristischem Duft.

PFLEGE Verbreitet sich stark über Rhizome, kann aber gut geteilt und verpflanzt werden. Für eine üppige Blüte mulchen Sie die Pflanzen im Herbst mit Kompost oder einer Laubschicht. Pflanzen Sie 16 Stück pro m².

VERWENDUNG Meist als Unterpflanzung unter Gehölzen oder als Streupflanze in halbschattigen Staudenbeeten.

WERT Vorwiegend Honigbienen besuchen die Pflanze wegen ihrer Pollen. Maiglöckchen sind nektarlos. Im Herbst fressen Amseln und Drosseln die Früchte, scheiden den harten Samen an anderer Stelle wieder aus und verbreiten die Pflanze. Für andere Tiere giftig!

Gelber Schein-Lerchensporn

Corydalis lutea

↑15–30 cm ✿ 5–9

Synonym: *Pseudofumaria lutea*
Schwach giftiges, in Mitteleuropa eingebürgertes Erdrauchgewächs *(Fumarioidae)* für kalkhaltigen Boden.

WUCHS Buschig wachsende, mehrjährige, krautige Pflanze mit filigranem Laub.

BLÜTE Traubige, gelbe Blütenstände; Dauerblüher.

PFLEGE Keine Pflege nötig, versamt sich selbst auch in kleinste Ritzen; anspruchslos, aber etwas schneckenanfällig. Alte Wurzelstöcke können gut geteilt werden. Verwenden Sie 9 Stück pro m².

VERWENDUNG An den Fuß oder in Spalten von Trockenmauern in halbschattiger Lage, zwischen Wegplatten und in Stufenecken, vor und unter Hecken als dauerblühender Bodendecker. Passt zu Maiglöckchen *(Convallaria majalis)*, Braunem Storchschnabel *(Geranium phaeum)*, Frühlings-Knotenblume *(Leucojum vernum)* oder Wald-Vergissmeinnicht *(Myosotis sylvatica)*.

WERT Honig- und Wildbienen, Wollschweber, Hummeln.

Rasen-Schmiele
Deschampsia cespitosa

↑30–100 cm ✿ 6–7

Dieses heimische Süßgras *(Poaceae)* fühlt sich auf frischen bis feuchten, nährstoffreichen Standorten am wohlsten. In Bezug auf Kalk indifferent.
WUCHS Überwintert grün, bildet einen kräftigen Horst, von dem aus die Blätter und Blüten straußartig auseinanderfallen.
BLÜTE Der Blütenstand besteht aus pyramidenförmig angeordneten Rispen.
PFLEGE Über den Winter stehenlassen, das Gras gibt dem Beet Struktur; eventuell zusammenbinden, aber nicht zu fest, damit der Schneedruck den Gräserhorst nicht umknicken kann. Man setzt 3 Stück pro m².
VERWENDUNG Als Leitpflanze locker über die Fläche verteilt; Einzelpflanzen wirken besser als Gruppen. Sie können das Gras entweder mit Großer Sterndolde *(Astrantia major)*, Akeleiblättriger Wiesenraute *(Thalictrum aquilegifolium)* und Teufelskralle *(Phyteuma spicatum)* kombinieren oder mit kräftigen Farben kontrastieren, z.B. mit der Schwarzvioletten Akelei *(Aquilegia atrata)* und der Türkenbund-Lilie *(Lilium martagon)*.
WERT Der dichte Horst bietet kleinen Tieren Zuflucht.

Wolliger Fingerhut
Digitalis lanata

↑40–100 cm ✿ 6–7

Gehört zu den Wegerichgewächsen *(Plantaginaceae)*. Hochgiftige Pflanze!
WUCHS Zweijährig bis ausdauernd, wächst straff aufrecht; verträgt bei guter Wasserzufuhr auch sonnige Standorte, aber keine Staunässe. Stängel und Blätter bläulich überhaucht.
BLÜTE Die Blütenfarbe ist schwer zu beschreiben: Cremegelb bis Blassrosa mit rostbrauner Maserung.
VERWENDUNG Eine prächtige Hochstaude, gut für den Gehölzrand oder als Leitstaude in einer Mischpflanzung geeignet, z.B. mit Mandelblättriger Wolfsmilch *(Euphorbia amygdaloides)*, Primeln *(Primula* spp.) und Schneerosen *(Helleborus* spp.). Man setzt 7 Stück pro m².
WERT Hummelblume! Haare auf der Innenseite der Blüte versperren kleineren Insekten den Weg, Hummeln halten sich daran fest. Die Blüten blühen von unten nach oben auf; die älteren enthalten mehr Nektar und werden von den Hummeln zuerst besucht.

Echter Wurmfarn

Dryopteris filix-mas

↑50–130 cm ✿ 7–9

Heimisches Wurmfarngewächs *(Dryopteridaceae).* Naturstandort: halbschattige, humusreiche, frische Wälder, Hochstaudenfluren, Waldschläge. Kommt in allen gemäßigten Bereichen der Nordhalbkugel vor. Die ganze Pflanze ist giftig!

WUCHS Ausdauernde Pflanze, die aus ihrem kräftigen Rhizom trichterförmig angeordnete Wedel entwickelt.

PFLEGE Man kann im Spätwinter die braunen Wedel wegschneiden, das muss man aber nicht. Pro m^2 reichen 2 Stück.

VERWENDUNG Die Wedel dieses prächtigen Farns bleiben relativ lang in den Winter hinein grün, ziehen dann ein und treiben eher spät wieder aus. Er passt deshalb sehr gut zu früh blühenden, auch buschigen Stauden, die vorerst die kahlen Bereiche verdecken. Beinwell *(Symphytum officinale)*, Sternmiere *(Stellaria media)* und Gefleckte Taubnessel *(Lamium maculatum)* eignen sich gut dazu sowie zeitige Frühjahrsblüher wie Schneeglöckchen *(Galanthus nivalis)* und Duft-Veilchen *(Viola odorata).*

WERT Farne schaffen ein gutes Kleinklima für Insekten.

Mandelblättrige Wolfsmilch

Euphorbia amygdaloides

↑30–60 cm ✿ 4–6

Wie alle Wolfsmilchgewächse *(Euphorbiaceae)* ist diese heimische Art giftig! Sie liebt Nährstoffe und Kalk.

WUCHS Wintergrüne, langlebige krautige Pflanze mit quirlartig wirkenden Blättern mit schöner Herbstfärbung.

BLÜTE Die Blütenstände bilden eine Scheindolde, umgeben von auffälligen, gelbgrünen Hochblättern.

PFLEGE Wegen der hübschen Herbstfärbung erst im Frühjahr schneiden, wenn überhaupt.

VERWENDUNG Obwohl sie nicht sehr hoch wird, würde ich sie als Solitärstaude in Leitstaudenfunktion locker über das Beet verteilen. Gute Partner sind Kriechender Günsel *(Ajuga reptans)*, Gelbes Windröschen *(Anemone ranunculoides)*, Schlüsselblume *(Primula* spp.) und Immergrün *(Vinca minor)*. Man braucht 5 Stück pro m^2.

WERT Wird vor allem von Schwebfliegen bestäubt; Raupenfutterpflanze für Wolfsmilchspinner und -schwärmer.

SORTEN 'Purpurea' mit violettroten Blättern; var. *robbiae* hat einen rostroten Stamm und hellgelbe Blätter.

Wald-Erdbeere

Fragaria vesca

↑5–15 cm ✿ 4–5

Heimisches Rosengewächs *(Rosaceae).*

WUCHS Ausdauernde, wintergrüne, kleine Staude; Blätter in grundständiger Rosette.

BLÜTE Zarte, weiße Blüten, nach der Hauptblüte einzeln auch noch bis zum ersten Frost erscheinend.

PFLEGE Die Pflanze vermehrt sich sehr gut über Ausläufer. Diese können gut abgenommen und verpflanzt werden. Setzen Sie 15 Stück pro m^2.

VERWENDUNG Im Garten als Bodendecker auf halbschattigen Standorten; je schattiger der Standort, umso weniger Blüten und in Folge Früchte werden produziert, die Bodenbedeckung funktioniert aber trotzdem. Schön mit locker dazwischen verteilten Stauden mit kräftigen Blütenfarben. Es passen z.B. Schwarzviolette Akelei *(Aquilegia atrata)* oder Brauner Storchschnabel *(Geranium phaeum).*

Ältere Blätter können Sie als Ersatz für schwarzen Tee verwenden, die Früchte für Marmeladen.

WERT Futterpflanze für Wildbienen, Schmetterlinge, Fliegen, Käfer, Vögel.

SORTEN var. *semperflorens* 'Rügen' blüht von Mai bis Oktober und bildet sehr viele aromatische Früchte.

Schneeglöckchen

Galanthus nivalis

↑10–20 cm ✿ 2–4

Ein Amaryllisgewächs *(Amaryllidaceae)* für lehmige, nährstoffreiche, frische bis feuchte Standorte; im nördlichen Mitteleuropa eingebürgert. Schwach giftig.

WUCHS Die in ihrer Zwiebel gespeicherten Nährstoffe nutzt die Pflanze, um früh zu blühen, wenn der Wald oder die Hecke noch nicht ausgetrieben hat und Sonne bis zum Boden gelangt. Verbreitung durch Ameisen.

BLÜTE Hängende, weiße Glöckchen. Die heimische Art erkennt man an dem auf dem Kopf stehenden, grünen Herz auf den inneren Blütenblättern.

VERWENDUNG Als unregelmäßig verteilte Streupflanze; guter Partner für alle spät austreibenden Stauden. Man setzt 25 Stück pro m^2.

WERT Wichtige Pflanze für ganz früh im Jahr fliegende Insekten, vor allem für Honigbienen; bei den Hummeln überwintern nur Jungköniginnen, diese brauchen aber auch ab Februar Nahrung, ebenso wie Schmetterlinge, die als Falter überwintern.

Brauner Storchschnabel

Geranium phaeum

↑40–60 cm ✿ 5–6

Gehört zu den Storchschnabelgewächsen *(Geraniaceae)*. Kommt auch auf schweren, lehmigen Böden in Süd-, Mittel- und Osteuropa vor.

WUCHS Ausdauernd, aufrechte Horste bildend, auch als Blattschmuck-Bodendecker zu verwenden.

BLÜTE Interessante, unübliche Blütenfarbe, Braunviolett bis Purpur.

PFLEGE Rückschnitt nach der Blüte fördert Nachblüte.

VERWENDUNG Kommt besonders gut in Kombination mit weiß blühenden Stauden zur Geltung, z.B. Großer Sternmiere *(Stellaria holostea)*, Maiglöckchen *(Convallaria majalis)*, Großer Sterndolde *(Astrantia major)* und der weißen Sorte der Pfirsichblättrigen Glockenblume *(Campanula persicifolia* 'Alba'). Sie können auch mit ähnlich gefärbten Pflanzen arbeiten wie Mandelblättriger Wolfsmilch *(Euphorbia amygdaloides)* und Schwarzvioletter Akelei *(Aquilegia atrata)*. Sie brauchen 10 Stück pro m².

WERT Futterpflanze für Wildbienen, Schmetterlinge, Fliegen und Hummeln.

SORTEN 'Album', weiß blühend, passt wunderbar in ein weißes Beet oder eine dunkle Ecke. 'Lily Lovell' blüht dunkelviolett und besonders großblütig.

Wald-Storchschnabel

Geranium sylvaticum

↑30–60 cm ✿ 6–7

Heimisches Storchschnabelgewächs *(Geraniaceae)*, wächst ähnlich wie *G. phaeum (→ oben)*.

WUCHS Ausdauernde Staude mit lockerem Wuchs.

BLÜTE Blauviolette Blüten mit weißer Mitte.

VERWENDUNG In lockeren Mischpflanzungen mit Bodendeckern, wie Busch-Windröschen *(Anemone nemorosa)*, Immergrün *(Vinca minor)* oder Kriechendem Günsel *(Ajuga reptans)*, kommen seine auffälligen Blüten am besten zur Geltung. Oder Sie »malen« ein Wiesenbild mit Ähriger Teufelskralle *(Phyteuma spicatum)*, Rasen-Schmiele *(Deschampsia cespitosa)*, Pfirsichblättriger Glockenblume *(Campanula persicifolia)* und Wald-Witwenblume *(Knautia maxima)*. Setzen Sie 7 Stück pro m².

WERT Futterpflanze für viele Insekten wie Wildbienen, Schmetterlinge und Hummeln.

SORTEN 'Mayflower' bekommt hellblaue Blüten mit weißer Blütenmitte.

Gundermann

Glechoma hederacea

↑10–20 cm ✿ 4–6 ★

Heimischer, sehr verbreiteter Lippenblütler *(Lamiaceae)*; wird auch Gundelrebe genannt.

WUCHS Niederliegend; verbreitet sich durch Ausläufer.

BLÜTE Zarte, eher unauffällige, blauviolette Lippenblüten.

VERWENDUNG Ein wesentlicher Bestandteil eines Blumenrasens in halbschattiger Lage; im Beet ein unauffälliger, aber zuverlässiger Bodendecker, den man universell einsetzen kann (Joker!). Am besten mit aufrecht wachsenden Pflanzen wie Pfirsichblättriger Glockenblume *(Campanula persicifolium)*, Großem Odermennig *(Agrimonia procera)*, Wolligem Fingerhut *(Digitalis lanata)* oder Ähriger Teufelskralle *(Phyteuma spicatum)*. Setzen Sie 15 Stück pro m^2.

Gundermann ist in der Wildkräuterküche vielseitig zu verwenden für Gerichte mit Kartoffeln, Aufstriche, Kräutersalz, Limonaden. Fette Speisen werden durch ihn bekömmlicher. Ein Gundermann-Tee wirkt schleim- und steinlösend, heilend, harnsäurelösend, positiv auf Lunge und Magen.

WERT Die Bestäubung erfolgt vor allem durch Hummeln und Pelzbienen, Fliegen wie Schwebfliegen und Wollschweber, Käfer, Ameisen und einige Schmetterlinge.

Leberblümchen

Hepatica nobilis

↑8–15 cm ✿ 3–4

Ein hübsches, heimisches Hahnenfußgewächs *(Ranunculaceae)*, das am Naturstandort – halbschattige, humusreiche, nicht zu feuchte Edellaubwälder – teilweise gefährdet ist. Die ganze Pflanze ist giftig!

WUCHS Ausdauernde, niedrige Kleinstaude. Die typischen, leberförmigen Laubblätter erscheinen erst nach der Blüte.

BLÜTE Im Verhältnis zur Pflanzengröße auffällig große (bis 3 cm), blauviolette Blüten.

PFLEGE Eventuell von wüchsigeren Pflanzen fernhalten.

VERWENDUNG Funktioniert gut in Mischpflanzung, verstreut zwischen allen Stauden dieses Kapitels. Man pflanzt 15 Stück pro m^2.

WERT Wegen der frühen Blüte sehr wertvoll für frühfliegende Insekten, Honig- und Wildbienen, Fliegen, Käfer.

SORTEN Es gibt zahlreiche natürliche Varianten, aber auch Zuchtformen wie 'Schneewalzer' mit weißen Blüten, 'Rosea' blüht blassrosa, 'Rubra' kräftig rosafarben.

Stinkende Nieswurz

Helleborus foetidus

↑30–50 cm ✿ 2–5

Heimisches Hahnenfußgewächs *(Ranunculaceae)*, für frische bis feuchte, humusreiche Böden. Giftig!
WUCHS Immergrüner, horstig wachsender Halbstrauch mit interessanter Pflanzengestalt. Die dunkelgrünen Laubblätter riechen unangenehm.
BLÜTE Becherförmige, nickende, blassgrüne Blüten in Büscheln.
VERWENDUNG Bei Pflanzungen mit eher niederwüchsigen Arten stellt sie eine schöne Leitstaude dar, z.B. in Kombination mit früh blühenden Bodendeckern wie den beiden Windröschen *(Anemone nemorosa* und *A. ranunculoides)*, wobei die Nieswurz oft schon im Dezember oder Januar blüht. Zusammen mit ihrer Verwandten, der Grünen Nieswurz *(Helleborus viridis)*, mit der Mandelblättrigen Wolfsmilch *(Euphorbia amygdaloides)*, der Ährigen Teufelskralle *(Phyteuma spicatum)* und ein paar Gräsern läßt sie sich zu einem spannenden, grünblassgelb dominierten Bild kombinieren. 4–5 Pflanzen sollten Sie pro m^2 einplanen.
Arzneipflanze, wegen des Herzglykosides »Helleborin«.
WERT Sehr wichtig für früh fliegende Honigbienen und Hummeln.

Grüne Nieswurz

Helleborus viridis

↑15–40 cm ✿ 3–4

Wie alle Schneerosen-Arten ein gitftiges Hahnenfußgewächs *(Ranunculaceae)*; mag keine Staunässe. Als Arzneipflanze weit verschleppt und verwildert.
WUCHS Sommergrün, ausdauernd, handförmig geteiltes Laub mit teils gesägtem Rand.
BLÜTE Die Blüten sind richtig intensiv grün, im Gegensatz zum Blassgrün der Stinkenden Nieswurz.
PFLEGE Etwas schneckenanfällig; gut über Samen zu vermehren, ältere Pflanzen möglichst nicht umsetzen.
VERWENDUNG Schön in Kombinationen wie bei der Stinkenden Nieswurz *(→ oben)*. Diese Art beginnt etwas später zu blühen. Da sie nicht so hoch wird, können Sie sie gut in eine Bodendeckermischung integrieren. Setzen Sie 9 Stück pro m^2. Aus den getrockneten Wurzeln wurde früher Niespulver gewonnen, daher der Name. Enthält das Herzglykosid »Helleborin«.
WERT Sehr wichtige Pflanze für früh fliegende Honigbienen und Hummeln.

Wald-Witwenblume

Knautia maxima

↑60–100 cm ✿ 6–9

Synonym: *Knautia dipsacifolia*; gehört zu den Kardengewächsen *(Dipsacaceae)*; liebt lichte, halbschattige, feuchte und nährstoffreiche Standorte. Kommt im Alpenraum bis in Höhen von 2.000 m vor.

WUCHS Ausdauernde Staude mit behaarten Stängeln.

BLÜTE Für Witwenblumen typische blauviolette Knopfblüte, aus bis zu 50 Einzelblüten.

PFLEGE Eine völlig problemlose Füllpflanze, neigt aber dazu, durch Selbstaussaat und die Hilfe von Ameise, die ihre Samen verteilen, Flächen zu »übernehmen«. Da man die Blattrosetten aber gut erkennt, kann man sie gezielt jäten.

VERWENDUNG Wenn Sie die Wald-Witwenblume in Kombination mit Bodendeckern pflanzen, wirkt sie als Leitstaude. Dann ist Jäten wichtig. Weniger Arbeit haben Sie, wenn Sie sie mit kräftigen Mitbewohnern vergesellschaften, z.B. mit Ausdauerndem Silberblatt *(Lunaria rediviva)*, Farnen oder Wald-Geißbart *(Aruncus dioicus)*. Bei guter Wasserversorgung auch in sonnige Bereiche pflanzbar. Man setzt 7 Stück pro m^2.

WERT Futterpflanze für Wildbienen, Hummeln; Samen werden gerne von Vögeln gefressen.

Gefleckte Taubnessel

Lamium maculatum

↑15–50 cm ✿ 4–11

Dieser heimische Lippenblütler *(Lamiaceae)* liebt Stickstoff und damit humus- und nährstoffreiche Standorte.

WUCHS Ausdauernd, krautig, stark ausläuferbildend.

BLÜTE Purpurfarben, manchmal auch weiß. Ein Saftmal an der Unterlippe weist den Insekten den Weg zum Nektar am Boden der Kronröhre.

PFLEGE Achtung! Verdrängt leicht andere Pflanzen.

VERWENDUNG Sehr ausbreitungsfreudig und daher gut in Kombination mit anderen wüchsigen Stauden wie Ausdauerndem Silberblatt *(Lunaria rediviva)*, Hänge-Segge *(Carex pendula)*, Farnen oder Wald-Geißbart *(Aruncus dioicus)*. Setzen Sie 7 Stück pro m^2.

WERT Nur für langrüsselige Insekten wie Hummeln und Sandbienen. Ihre Samen werden wegen ihrer fetthaltigen Anhängsel (Elaiosome) von Ameisen verschleppt.

SORTEN 'Pink Pewter' blüht rosa, 'White Nancy' weiß, beide zeigen silber geflecktes Laub und breiten sich stark aus. Nicht in Gärten an Wald oder Wiese pflanzen!

Frühlings-Platterbse
Lathyrus vernus

↑20–30 cm ✿ 4–5

Heimischer Schmetterlingsblütler *(Fabaceae)*, für humose, nährstoffreiche Standorte; eher kalkliebend. Giftig!
WUCHS Ausdauernde Pflanze mit aufrechtem Wuchs. Flächig gepflanzt bildet sie schöne Teppiche. Bildet bis zu 1 m lange Wurzeln.
BLÜTE Ausgesprochen schöne, nickende Blüten in traubigen Blütenständen, deren Farbe zwischen Purpur und Blau changiert.
PFLEGE An sich pflegeleicht, nicht zu starkwüchsigen Pflanzen wie Gefleckter Taubnessel (*Lamium maculatum)* pflanzen. Man setzt 6 Stück pro m^2.
VERWENDUNG Diese Pflanze sollte als prächtiger Spätfrühlingsblüher in keinem Halbschattenbeet fehlen. Sieht zusammen mit der Sternmiere *(Stellaria holostea)*, die zur gleichen Zeit blüht, sehr schön aus. Auch ihre schwärzlichen Hülsenfrüchte sind ein attraktives Gestaltungselement. Die Samen werden aus den Früchten geschleudert, wenn die Hülsen austrocknen.
WERT Blütenbesucher sind Hummeln, Wildbienen und Honigbienen; einige Hummeln beißen die Blüten auf, um an den Nektar zu kommen.
SORTEN 'Alboroseus' hat weiß-rosa Blüten.

Frühlings-Knotenblume
Leucojum vernum

↑10–30 cm ✿ 2–4

Ein Narzissengewächs *(Amaryllidaceae)*, das an den Naturstandorten (halbschattige Auwälder, frische bis feuchte Wiesen), durch Trockenlegung feuchter Wiesen bisweilen gefährdet ist. Schwach giftig.
WUCHS Zwiebelgewächs.
BLÜTE Weithin sichtbare, rundliche, weiße Blütenglöckchen, alle 6 Kronblätter sind gleich lang, anders als beim Schneeglöckchen *(Galanthus nivalis)*. Veilchenartiger Duft. Laubblätter ziehen bereits im Frühsommer ein und holen so die Nährstoffe in die Zwiebel zurück.
VERWENDUNG Als Streupflanze im Beet, besonders zwischen später austreibenden Stauden wie Wald-Witwenblume *(Knautia maxima)*, Großem Odermennig *(Agrimonia procera)* oder Ausdauerndem Silberblatt *(Lunaria rediviva)*. Pflanzen Sie 25 Stück pro m^2.
WERT Wichtige Pflanze für Pollen für früh im Jahr fliegende Insekten, vor allem für Honigbienen, Jungköniginnen von Hummeln und überwinternde Falter.

Türkenbund-Lilie

Lilium martagon

↑40–150 cm ✿ 6–7

Kommt bis in Höhen von 1.500 m vor; kalkliebend.
WUCHS Ausdauernde Staude mit aufrechtem Wuchs.
BLÜTE Auffällige, wie ein Turban geformte Blüten (Türkenbund) in hängenden Blütenständen mit bis zu 15 duftenden, purpur gesprenkelten Einzelblüten; sie ist die größte der heimischen Lilien.
PFLEGE Sehr schneckenanfällig, Pflanzen in Kupferabgrenzung setzen.
VERWENDUNG Wunderschön als Solitärpflanze zwischen niedrigen Arten wie Windröschen *(Anemone nemorosa* und *A. ranunculoides)*, Maiglöckchen *(Convallaria majalis)*, Primeln *(Primula* spp.) und Duft-Veilchen *(Viola odorata)*. Auf sonnigeren, wiesenartigen Standorten passen Heil-Ziest *(Betonica officinalis)*, Wiesen-Storchschnabel *(Geranium pratense)* und das Blaue Pfeifengras *(Molinia caerulea)* sehr gut dazu. Man setzt 10 Stück pro m².
WERT Duftet besonders abends und nachts, zieht dadurch Nachtfalter an, z.B. Taubenschwänzchen, Winden- und andere langrüsselige Schwärmer, Eulenfalter.
SORTEN Da die Wildart so attraktiv ist, sind Sorten nicht nötig. Für ein weißes Beet wählen Sie 'Albiflorum'.

Ausdauerndes Silberblatt

Lunaria rediviva

↑30–140 cm ✿ 5–7

Auch Mondviole genannt. Heimischer Kreuzblütler *(Brassicaceae)*, der hohe Luftfeuchtigkeit, Kalk und Nährstoffe liebt. Der Name leitet sich von den ovalen, silbern schillernden Samen ab.
WUCHS Ausdauernde, aufrecht wachsende Pflanze mit breiten, herzförmigen Laubblättern.
BLÜTE Große violette Kreuzblüten mit Veilchenduft.
PFLEGE Nach Rückschnitt folgt eine Zweitblüte.
VERWENDUNG Ein Must-have im Halbschatten. In Gruppen mit Hochstauden wie Mädesüß *(Filipendula ulmaria)* oder einzeln als Leitstaude mit allen niedrigen Pflanzen des Halbschattens. Man setzt 7 Stück pro m².
WERT Der auch in der Dämmerung starke Duft zieht vor allem Nachtfalter und tagaktive Nachtfalter wie das Taubenschwänzchen an. Langrüsselige Falter und Hummeln erreichen den Nektar am Boden der 1 cm tiefen Kronröhre am besten. Honig- und Wildbienen, Schwebfliegen und Käfer erreichen meist nur den Pollen.

Schmalblättrige Hainsimse

Luzula luzuloides

↑40–65 cm ✿ 6–7

Heimisches Binsengewächs *(Juncaceae)*; bevorzugt saure, eher trockene Böden bis in Höhen von 1.800 m.
WUCHS Wintergrüne, bogig überhängende Blatthorste.
BLÜTE Hübsche, leicht hängende weiße Gräserblüte.
PFLEGE Bei kalkhaltigem Boden versorgen Sie die Hainsimse mit saurem Rinden-Kompost.
VERWENDUNG In Mischpflanzungen mit Arten, die bezüglich Kalk indifferent sind, z.B. Beinwell *(Symphytum officinalis)*, Busch-Windröschen *(Anemone nemorosa)*, Maiglöckchen *(Convallaria majalis)*, Wald-Erdbeere *(Fragaria vesca)*, Wald-Vergissmeinnicht *(Myosotis sylvatica)* oder Duft-Veilchen *(Viola odorata)*. Oder mit Schwachsäurezeigern wie Großem Odermennig *(Agrimonia procera)*, Bergwiesen-Frauenmantel *(Alchemilla monticola)*, Kriechendem Günsel *(Ajuga reptans)*, Hänge-Segge *(Carex pendula)*, Echtem Wurmfarn *(Dryopterix filix-mas)*, Braunem Storchschnabel *(Geranium phaeum)* oder Wald-Storchschnabel *(G. sylvaticum)*. Im Schatten mit Vielblütiger Weißwurz *(Polygonatum multiflorum)*, Waldmeister *(Galium odoratum)* und Wald-Geißbart *(Aruncus dioicus)*. Man setzt 5 Stück pro m^2.
WERT Ameisen fressen den ölhaltigen Teil der Samen.

Straußenfarn

Matteuccia struthiopteris

↑50–150 cm ✿ 7–9

Wurmfarngewächs *(Dryopteridaceae)*, das in ganz Europa an feuchten Standorten bis zu einer Höhe von fast 2.000 m vorkommt.
WUCHS Sommergrüne Rosettenpflanze; Der eindrucksvolle trichterförmige Farn treibt relativ spät im Jahr aus.
VERWENDUNG Gut in Kombination mit Frühblühern, z.B. Windröschen *(Anemone nemorosa* und *A. ranunculoides)*, Schlüsselblumen *(Primula* spp.), Duft-Veilchen *(Viola odorata)*, Leberblümchen *(Hepatica nobilis)* und Schneerosen *(Helleborus* spp.). Aus der Auswahl von Schattenpflanzen eignen sich Bärlauch *(Allium ursinum)*, Waldmeister *(Galium odoratum)* und Aronstab *(Arum maculatum)* als Begleiter. Später blühende Stauden, die selbst auch Raum einnehmen, brauchen zum üppigen Straußenfarn einen Respektabstand. Gut für den Teichrand, wenn er im Halbschatten liegt. Es reicht 1 Exemplar pro m^2.
WERT Die ausladendende Pflanze bietet viele Verstecke.

Wald-Vergissmeinnicht

Myosotis sylvatica

↑15–45 cm ✿ 5–7

Das heimische Raublattgewächs *(Boraginaceae)* bevorzugt frische, nährstoffreiche Böden. Bezüglich des Kalkgehalts des Bodens ist es indifferent.

WUCHS Zweijährige bis ausdauernde, krautige Halbrosettenpflanze mit flaumig behaarten Blättern.

BLÜTE Sehr viele Blüten in traubigen Blütenständen im typischen, hellen Blau.

PFLEGE Kurzlebig, sät sich aber selbst aus, dafür den Boden um die Mutterpflanze herum etwas offen halten.

VERWENDUNG Zarte Füllstaude zwischen auffälligeren Arten wie Mandelblättriger Wolfsmilch *(Euphorbia amygdaloides)*, Ausdauerndem Silberblatt *(Lunaria rediviva)* oder Akeleiblättriger Wiesenraute *(Thalictrum aquilegifolium)*. Passt auch zusammen mit gelb blühenden Stauden wie Großem Odermennig *(Agrimona procera)* und Wolligem Fingerhut *(Digitalis lanata)*. Man benötigt 12 Stück pro m^2.

WERT Durch die Blütenform bürsten Insekten Pollen in den Nektar und saugen beides auf, v.a. Honig- und Wildbienen, (Schweb-)Fliegen und ca. 20 Tagfalterarten.

SORTEN 'Blaue Kugel' blüht üppig, 'Alba' weiß und 'Rosylva' rosafarben.

Gedenkemein

Omphalodes verna

↑10–15 cm ✿ 4–5

Ein Vertreter der Raublattgewächse *(Boraginaceae)* aus Ost- und Südeuropa.

WUCHS Bodendeckende, ausdauernde Staude mit frischgrünem Laub; bildet Ausläufer.

BLÜTE Die Blüten ähneln dem verwandten Vergissmeinnicht, sind aber intensiver blau.

PFLEGE Verträgt auch etwas dunkleren Halbschatten.

VERWENDUNG Schön als bodendeckende, flächig gepflanzte Füllstaude zwischen höheren, auffälligeren Arten, z.B. Ähriger Teufelskralle *(Phyteuma spicatum)*, Großem Odermennig *(Agrimonia procera)*, Großer Sterndolde *(Astrantia major)*, Pfirsichblättriger Glockenblume *(Campanula persicifolia)* und Wald-Witwenblume *(Knautia maxima)*. Man braucht 15 Stück pro m^2.

WERT Bekommt Besuch von Honigbienen, auch Wildbienen, (Schweb-)Fliegen und einigen Tagfalterarten.

SORTEN 'Alba' blüht weiß, 'Elfenauge' blassblau, 'Grandiflora' zeigt ihre großen Einzelblüten bis Juni.

Ährige Teufelskralle
Phyteuma spicatum

↑20–60 cm ✿ 5–7 ★

Gehört zu den heimischen Glockenblumengewächsen *(Campanulaceae)*. Sie bevorzugt frische, lehmreiche Standorte und ist ein Joker in Hinblick auf Licht.
WUCHS Ausdauernde, aufrecht wachsende Staude mit kahlem Blütenstängel.
BLÜTE Ähriger Blütenstand in Weiß bis Blassgelb.
PFLEGE Bei wiesenartiger Mischpflanzung reicht eine jährliche Mahd.
VERWENDUNG So eine Mischpflanzung könnte z.B. eine Kombination mit Wald-Storchschnabel *(Geranium sylvaticum)*, Wiesen-Storchschnabel *(Geranium pratense)*, Pfirsichblättriger Glockenblume *(Campanula persicifolia)*, Wald-Witwenblume *(Knautia maxima)*, Vergissmeinnicht *(Myosotis sylvatica)* und Gedenkemein *(Omphalodes verna)* sein. Sie benötigen dann 11 Stück pro m^2.
WERT Wird von einigen Wildbienen, Hummeln und von zahlreichen Schmetterlingen wie Weißlingen, Perlmuttfalter, Dickkopffalter und Distelfalter bestäubt.
ARTEN Die Schwarze Teufelskralle *(Phyteuma nigrum)* blüht in dunklem Lila. Sie braucht sauren, lehmigen Boden und bildet mit *P. spicata* blau blühende Hybriden.

Hohe Schlüsselblume
Primula elatior

↑10–30 cm ✿ 3–5

Dieses heimische Primelgewächs *(Primulaceae)* braucht ungedüngte, frische Wiesen; deshalb regional gefährdet.
WUCHS Ausdauernde Rosettenpflanze.
BLÜTE Die hellgelben Blüten gehören zu den ersten Frühlingsboten, der Blütenschlund ist blassorange.
VERWENDUNG Als locker verteilte Streupflanze in halbschattigen Beeten, auch am Rand von Sickermulden. Vermehrt sich gut über Samen, auch in Ritzen zwischen Wegplatten und Mauersteinen. Setzen Sie 15 Stück/m^2. Als Heilpflanze nutzbar, hat aber weniger Inhaltsstoffe als die Echte Schüsselblume *(Primula veris)*.
WERT Wertvolle, früh blühende Futterpflanze für Wildbienen, Hummeln, Hummelschweber und Schmetterlinge, die im Falterstadium überwintern wie Zitronenfalter, Tagpfauenauge und Kleiner Fuchs. Auch Raupenfutterpflanze für Frühlingsscheckenfalter, Würfelfalter u.a.
ARTEN/SORTEN Kreuzt sich mit der Kissen-Primel *(Primula vulgaris)*.

Kissen-Primel

Primula vulgaris

↑5–10 cm ✿ 2–5 ★

Synonym: *Primula acaulis.* Dieses heimische Primelgewächs *(Primulaceae)* wird auch Erd-Primel genannt.
WUCHS Ausdauernde Rosettenpflanze mit grundständigen Blüten mit kurzem Blütenstandstiel.
BLÜTE Große, schwefelgelbe Blüten.
PFLEGE Kann im ganzen Garten – auch im Rasen – vorkommen; verträgt auch sonnige Standorte, wenn genug Wasser vorhanden ist, deshalb ist sie ein Licht-Joker. Verträgt im Rasen sogar die regelmäßige Mahd.
VERWENDUNG Schön in naturnah wirkenden Mischpflanzungen mit schlanken, höherwüchsigen Stauden wie Akeleien *(Aquilegia vulgaris* und *A. atrata)*, Großem Odermennig *(Agrimonia procera)* oder Glockenblumen *(Campanula persicifolia* und *C. trachelium)*. Man setzt 15 Stück pro m².
WERT Wertvolle, früh blühende Futterpflanze für Wildbienen, Hummeln, Hummelschweber und Schmetterlinge, die im Falterstadium überwintern wie Zitronenfalter, Tagpfauenauge und Kleiner Fuchs. Auch Raupenfutterpflanzen für Frühlingsscheckenfalter, Würfelfalter u.a.
SORTEN Kreuzt sich mit der Hohen Schlüsselblume *(P. elatior)*. Es gibt unzählige Zuchtsorten im Handel.

Echtes Lungenkraut

Pulmonaria officinalis

↑10–30 cm ✿ 3–5

Heimisches Raublattgewächs *(Boraginaceae)* für Halbschatten/Schatten und frische, nährstoffreiche Böden.
WUCHS Horstig wachsende, ausdauernde, krautige Staude mit zierenden, weiß gefleckten Blättern.
BLÜTE Die Blüten sind zuerst purpurrot, später veilchenblau. Das liegt am Zellsaft, der anfangs sauer, später neutral bis alkalisch ist.
VERWENDUNG Im Halbschattenbeet locker verteilt passt das Lungenkraut zu fast allen Pflanzen dieses Kapitels. Man setzt 10 Stück pro m².
Die jungen Blätter schmecken leicht nach Gurke, sie eignen sich deshalb für Frühlingssuppen, Eierspeisen und Salate, können aber auch in Bierteig gebacken werden; die Blüten dienen als essbare Deko. Ein Tee aus Blättern, Blüten und Wurzeln hilft bei Halsweh.
WERT Hummelblume. Hummelschweber, Honig- und einige Wildbienen nutzen den Pollen. Die Zweifarbige Mauerbiene ernährt sich und ihre Brut fast nur davon.

Große Sternmiere

Stellaria holostea

↑15–30 cm ✿ 4–5

Gehört zu den Nelkengewächsen *(Caryophyllaceae)*. Der »große Bruder« der Vogelmiere mag sandig-lehmige Böden, mäßige Feuchte und mittleren Nährstoffgehalt. Heimische Pflanze.

WUCHS Mehrjährig, immergrün, krautig. Die schwachen Stängel halten sich oft bei Nachbarpflanzen ein. Sie »verweben« sich in einer Pflanzung.

BLÜTE Große, weiße, sternenförmige Blüten.

PFLEGE Wegen der Raupen, die an der Sternmiere fressen, sollte man sie erst im folgenden Frühling zurückschneiden. Man setzt 10 Stück pro m^2.

VERWENDUNG Sehr schön gemeinsam mit der zur gleichen Zeit blühenden Frühlings-Platterbse *(Lathyrus vernus)*. Die weißen Blüten heben sich auch gut von grünen Blattschmuckpflanzen wie Farnen und Gräsern ab.

WERT Von sehr vielen verschiedenen Insekten besucht: (Schweb-)Fliegen, Honigbienen, Wildbienen, davon allein 11 verschiedene Sandbienenarten, Falter (Kleiner Fuchs, Landkärtchen, Dickkopffalter). Wertvolle Raupenfutterpflanze für Sternmieren-Blattspanner und Hornkraut-Blattspanner.

Echter Beinwell

Symphytum officinalis

↑50–100 cm ✿ 5–7

Diese heimische Arzneipflanze aus der Familie der Raublattgewächse *(Boraginaceae)* wächst auf halblichten bis halbschattigen, nährstoffreichen Standorten. In Bezug auf den Kalkgehalt des Bodens indifferent.

WUCHS Ausdauernde Staude mit aufrechtem Wuchs und großen, borstig behaarten Laubblättern. Seine Wurzeln reichen bis 60 cm tief.

BLÜTE Viele, glockenförmige, violette Blüten stehen in Doppelwickeln zusammen.

VERWENDUNG Einzeln locker verteilt in eine Mischpflanzung setzen, z.B. kombiniert mit der Großen Sternmiere *(Stellaria holostea)*, die sich zwischen die Stängel des Beinwell webt. Setzen Sie 7 Stück pro m^2.
Ein Tee aus den Wurzeln wirkt schleimlösend.

WERT Der reiche Nektar ist nur für langrüsselige Schwebfliegen leicht erreichbar, kurzrüsselige Hummeln und Honigbienen beißen den Blütenboden auf, um an den Nektar zu gelangen. Gute Pollenquelle.

Akeleiblättrige Wiesenraute

Thalictrum aquilegifolium

↑40–100 cm ✿ 5–7

Heimisches Hahnenfußgewächs *(Ranunculaceae)*, das vor allem auf nährstoffreichen, eher kalkhaltigen Böden in den Alpen und im Alpenvorland vorkommt.
WUCHS Grazile, ausdauernde, hohe, aufrecht wachsende Staude mit lockerem Aufbau. Feingliedriges Laub, in der Form ähnlich dem der Akeleien.
BLÜTE Kompakte Rispen mit unzähligen blassrosafarbenen bis blassvioletten Einzelblüten bilden attraktive fedrige Blütenstände.
PFLEGE Ein Rückschnitt nach der Blüte führt manchmal zur Nachblüte. Man nimmt 5 Stück pro m².
VERWENDUNG Prächtige Leitstaude; etwas windanfällig, gegebenenfalls muss man sie stützen. Schön in einem »blassen« Beet mit Großer Sterndolde *(Astrantia major)*, Sternmiere *(Stellaria holostea)*, Busch-Windröschen *(Anemone nemorosa)* und Schneerosen *(Helleborus* spp.). Gute Schnittstaude.
WERT Attraktiv für Bienen und einige Schmetterlinge.
SORTEN 'Nimbus White' bildet reinweiße Blüten auf dunklen Stängeln. 'Black Stockings' blüht tiefviolett mit dunklen Stängeln, diese Sorte besser nur sonnig bis halblicht pflanzen.

Kleines Immergrün

Vinca minor

↑15–40 cm ✿ 4–5

Stammt aus der eher seltenen Familie der Hundsgiftgewächse *(Apocynaceae)*. Das heimische Gewächs liebt halblichte bis halbschattige Standorte auf lehmigen, eher nährstoffreichen Böden. Die ganze Pflanze ist giftig!
WUCHS Immergrüner, niedriger, kriechender Halbstrauch, d.h., die alten Triebe sind verholzt, die der aktuellen Vegetationsperiode nicht; bildet Ausläufer.
BLÜTE Zahlreiche blaulila Trichterblüten.
VERWENDUNG Am besten flächig als Bodendecker, mit einzelnen, höheren Stauden dazwischen wie Akeleiblättriger Wiesenraute *(Thalictrum aquilegifolium)*, Ausdauerndem Silberblatt *(Lunaria rediviva)* oder Pfirsichblättriger Glockenblume *(Campanula persicifolia)*. Sie brauchen 16 Stück pro m².
WERT Besucher sind v.a. Hummeln und Schwebfliegen.
SORTEN 'Alba' blüht weiß und wächst stark. 'Atropurpurea' bildet weinrote Blüten, braucht aber wie 'Variegata', mit weiß gerändertem Laub, etwas mehr Licht.

Duft-Veilchen

Viola odorata

↑5–10 cm ✿ 4–5

Bei uns eingebürgertes Veilchengewächs *(Violaceae)* für halblichte bis halbschattige Plätze auf nährstoffreichen Böden; bezüglich Kalk im Boden indifferent.

WUCHS Rhizombildende, ausdauernde Pflanze, sät sich selbst weiter aus und bildet dichte Teppiche.

BLÜTE Duftende, veilchenblaue Blüten ohne weißes Zentrum an zarten Stielen.

VERWENDUNG Als Bodendecker oder am Rand von gemischten Beeten. Man setzt 20 Stück pro m^2.
In der Wildkräuterküche werden die Blätter für Salate oder Suppen verwendet. Die Blüten können Sie kandieren oder Veilchenessig daraus machen.
Ein Tee aus den Blüten und Blättern hilft bei Atemwegserkrankungen.

WERT Futterpflanze für einige Wildbienen, Schmetterlinge, Hummeln.

SORTEN 'Alba' kann eine natürliche weiße Variation sein oder gezüchtet, sie ist wintergrün. 'Donau' hat ein besonders schönes, dunkles Blau und eignet sich wegen der langen Stiele besonders gut als Schnittblume. 'Königin Charlotte' zeigt eine Zweitblüte.

Ökologisch wertvolle Gehölze für diesen Standort

Botanischer Name	Deutscher Name	Höhe, Blütezeit und Blütenfarbe
Acer campestre	Feld-Ahorn	2–15 m, Mai, gelbgrün
Cornus sanguinea	Roter Hartriegel	2–5 m, Mai–Jun, weiß
Corylus avellana	Haselnuss	3–5 m, Feb–Apr, gelb/rot
Euonymus europaeus	Gewöhnlicher Spindelstrauch	2–5 m, Mai–Jun, weiß/grün
Euonymus verrucosa	Warzen-Spindelstrauch	0,3–2 m, Mai–Jun, grün/rot
Lonicera xylosteum	Gewöhnliche Heckenkirsche	1–2 m, Mai–Jun, weiß/gelb
Prunus avium	Vogel-Kirsche	5–25 m, Apr–Mai, weiß
Sambucus nigra	Schwarzer Holunder	2–7 m, Mai–Jun, cremeweiß
Staphylea pinnata	Pimpernuss	1–3 m, Mai–Jun, weiß/gelb
Viburnum opulus	Gemeiner Schneeball	1–5 m, Mai–Jun, cremeweiß

Die Gewöhnliche Akelei *(Aquilegia vulgaris)* kombiniert sich durch Aussaat immer wieder neu mit anderen Pflanzen.

Ein hübsches Schauspiel bietet der Straußenfarn *(Matteuccia struthiopteris)*, wenn er im späten Frühjahr seine Wedel entrollt.

Kombinationsmöglichkeiten

Tauchen wir ab in den Bereich zwischen »halblicht« und »halbschattig«. Bei den Pflanzenporträts finden Sie bei jeder einzelnen Pflanze, für welche Lichtsituation sie besser geeignet ist. Sind Sie nicht ganz sicher, ob der Standort nicht vielleicht doch eher sonnig oder schattig ist, können Sie es ruhig auch mit Pflanzen aus diesen Bereichen probieren, besonders, wenn sie als »Joker« ausgewiesen sind. Der Halbschatten beherbergt einige wintergrüne Pflanzen, wie den Hirschzungenfarn *(Asplenium scolopendrium)*, die Hänge-Segge *(Carex pendula)* und die beiden Hainsimsen *(Luzula luzuloides* und *L. sylvatica)*. Die anderen Farne des Kapitels behalten zwar ihre Blätter recht lang, sie vergilben aber doch über den Winter und die neuen Wedel treiben erst im späteren Frühling wieder durch. Alte Farne beanspruchen schon mal 0,25–0,5 m². Damit der Boden zwischen ihnen nicht kahl wirkt, setzen Sie dort bodendeckende Frühjahrsblüher wie die beiden Windröschen *(Anemone nemorosa* und *A. ranunculoides)*, Schneeglöckchen *(Galanthus nivalis)* und Frühlings-Knotenblume *(Leucojum vernum)*. Aus dem Schatten können wir noch Bärlauch *(Allium ursinum)* und Waldmeister *(Galium odoratum)* ausborgen. Bis die Farnwedel voll ausgetrieben haben, ziehen die Frühjahrsblüher schon wieder ein. Mit den 43 hier vorgestellten Arten haben Sie eine schöne Auswahl für Kombinationen für den Halbschatten.

Die Pflanzen des Beetes rechts passen in das ganze Spektrum von halblicht bis halbschattig, bei guter Wasserversorgung vertragen sie auch helleren Halblichtstandorte, wenn auch nicht volle Sonne. Sie halten es auch im etwas dunkleren Halbschatten aus, allerdings auf Kosten der Blütenfülle. Die höheren Pflanzen stehen im Beethintergrund, z.B. vor einer Hecke. Die Farbgebung ist blau, lila, rosa mit etwas Weiß. Nur der Odermennig hebt sich mit einem gedämpften Gelb ab. Eine gute Kombination, wenn die Lichtverhältnisse nicht ganz klar sind.

Pflanzvorschlag für ein 3 m² großes Beet im lichteren Halbschatten

Anzahl	Name	Botanischer Name	J	F	M	A	M	J	J	A	S	O	N	D
3	Großer Odermennig	*Agrimonia procera*						x	x	x				
3	Busch-Windröschen	*Anemone nemorosa*			x	x	x							
3	Kriechender Günsel	*Ajuga reptans*				x	x	x						
6	Gewöhnliche Akelei	*Aquilegia vulgaris*					x	x	x					
3	Große Sterndolde	*Astrantia major*						x	x	x				
8	Schneeglöckchen	*Galanthus nivalis*		x	x	x								
3	Schneerose	*Helleborus niger*		x	x	x								
3	Wald-Witwenblume	*Knautia maxima*						x	x	x	x			
1	Ausdauerndes Silberblatt	*Lunaria rediviva*					x	x	x					
3	Echtes Lungenkraut	*Pulmonaria officinalis*			x	x	x							

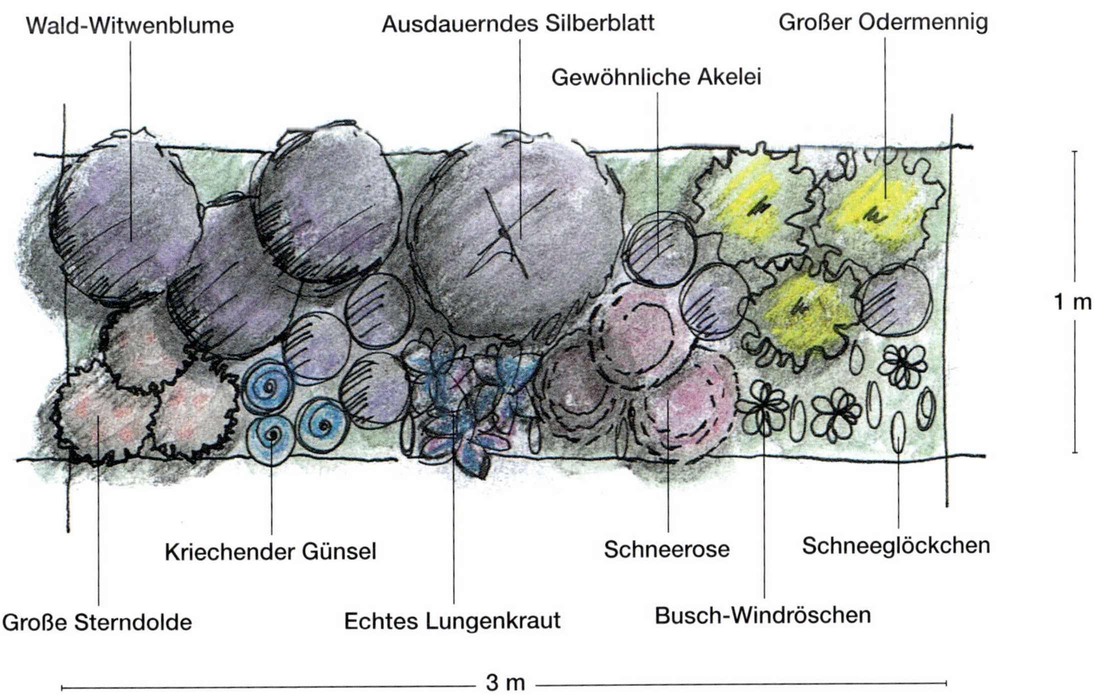

Die hellgelbe *Anemone × lipsiensis* ist eine natürliche Hybride des weiß blühenden Busch-Windröschens *(A. nemorosa)* mit dem Gelben Windröschen *(A. ranunculoides)*.

In dunkleren Bereichen ist ein überwiegend weißes Beet schön, z.B. mit der Pfirsichblättrigen Glockenblume (*Campanula persicifolia* 'Grandiflora alba') und dem blasslila Ausdauernden Silberblatt *(Lunaria rediviva)* als Leitstauden. Als weitere Leitstaude passt dazu der Wald-Geißbart *(Aruncus dioicus)* aus dem Kapitel Schatten. Er hält zwar Schatten aus, blüht aber im Halbschatten deutlich üppiger. Geißbart und Silberblatt werden eindrucksvolle Pflanzengestalten, sie können auch einzeln im Beet sitzen. Die Glockenblume ist eher zart, Sie sollten sie in Gruppen von mindestens fünf Stück oder über das Beet verteilt pflanzen. Den Titel »Leitstaude« verdient sie sich nur durch ihre Wuchshöhe von 80 cm. Als Begleiter im weißen Beet eignen sich die Große Sterndolde *(Astrantia major)*, die weißen Formen von Braunem Storchschnabel *(Geranium phaeum 'Album')* und Gedenkemein *(Omphalodes verna* 'Alba'). Es passen alle Schneerosen *(Helleborus* spp.) und weißblühenden Bodendecker: Busch-Windröschen *(Anemone nemorosa)*, Maiglöckchen *(Convallaria majalis)*, Schneeglöckchen *(Galanthus nivalis)*. Es können dazu Pflanzen aus dem Schattenbereich importiert werden, z.B. die weißblühenden Sorten des Immergrün *(Vinca minor)* oder weißbunte Efeu-Sorten *(Hedera helix),* wie 'Glacier', 'Jubilee' oder 'Mona Lisa'.

Der Pflanzvorschlag rechts beinhaltet auch wintergrüne Pflanzen und eignet sich besser für den Halbschatten bis hin zu dunklerem Halbschatten. Beachten Sie, dass mit Fingerhut und Maiglöckchen zwei hochgiftige Pflanzen eingeplant sind. Für Kinder gefährlich ist besonders das Maiglöckchen, da seine roten Früchte zum Kosten einladen. Bunt wird es durch gelbe Primeln und Windröschen, durch die weißen Blüten von Maiglöckchen, Sternmiere und Busch-Windröschen, blaue Glockenblumen und der interessanten rosa-blau gefärbten Blüte der Frühlings-Platterbse. Der Braune Storchschnabel weist eine seltene Blütenfarbe auf, eine Mischung aus Weinrot und Rostrot. Er ist zur Aufhellung dunkler Ecken auch als weiße Form erhältlich.

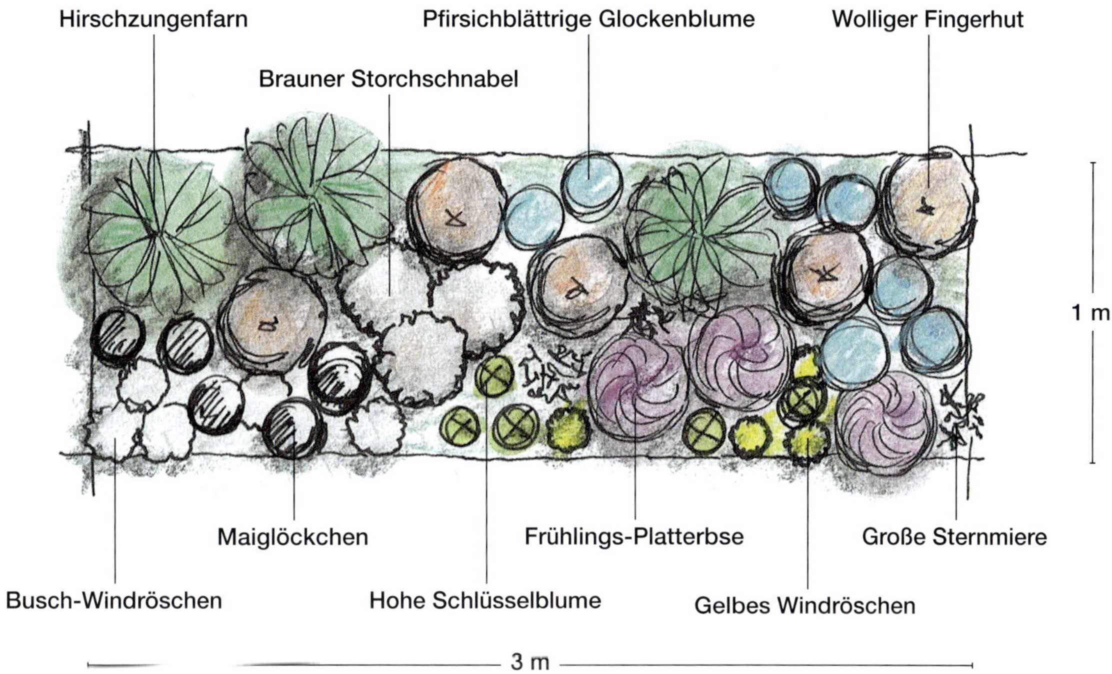

Pflanzvorschlag für ein 3 m² großes Beet im dunkleren Halbschatten

Anzahl	Name	Botanischer Name	J	F	M	A	M	J	J	A	S	O	N	D
5	Busch-Windröschen	*Anemone nemorosa*			x	x	x							
3	Gelbes Windröschen	*Anemone ranunculoides*				x	x							
3	Hirschzungenfarn	*Asplenium scolopendrium*							x	x	x			
7	Pfirsichblättrige Glockenblume	*Campanula persicifolia*						x	x	x				
5	Maiglöckchen	*Convallaria majalis*					x	x						
5	Wolliger Fingerhut	*Digitalis lanata*						x	x					
3	Brauner Storchschnabel	*Geranium phaeum*					x	x						
3	Frühlings-Platterbse	*Lathyrus vernus*				x	x							
5	Hohe Schlüsselblume	*Primula elatior*			x	x	x							
3	Große Sternmiere	*Stellaria holostea*				x	x							

Im Schatten gedeihen nur spezialisierte Pflanzen, wie Farne und Waldstauden. Je schattiger der Ort ist, desto weniger blühfreudig werden die Blütenpflanzen.

Leben im Schatten

Zugegeben, es ist einfacher, einen Garten in sonniger Lage schön und abwechslungsreich zu gestalten oder einen Standort, den man als halbschattig bezeichnen kann. Pflanzen sind nun mal Lebewesen, die auf Sonnenlicht angewiesen sind. Sie stellen aus Kohlenstoffdioxid und Wasser mithilfe des Sonnenlichts Sauerstoff und Zucker her. Dies ist die Fotosynthese, jene chemische Reaktion, die die Basis für alles Leben auf diesem Planeten ist. Trotz dieses grundsätzlichen Bedürfnisses aller Pflanzen nach Licht haben sich einige Arten unter dem Druck der Evolution daran angepasst, mit wenig Licht auszukommen. Ganz ohne Licht gedeiht keine Pflanze, wie Sie vielleicht schon bei schlecht platzierten Zimmerpflanzen festgestellt haben. Solange es ein wenig Licht gibt und der **Boden frisch und nährstoffreich** ist, gedeihen aber doch einige Arten im Schatten.

Schattenqualität

Schatten im Freiraum entsteht immer durch ein Gebilde, das den Schatten wirft. Je nach Art des Hindernisses ist der Schatten mehr oder weniger dunkel. Entsteht er z.B. durch eher lockerkronige Laubbäume, spricht man von »lichtem Schatten«, da immer noch ein Teil des Sonnenlichts auf den Boden

Oben: Der Sauerklee *(Oxalis acetosella)* blüht auch noch an ziemlich schattigen Orten. Er braucht sauren Boden und eignet sich daher für etwas lichteren Nadelbaumschatten.
Unten: Das Christophskraut *(Actaea spicata)* ist eine gute und hohe Schattenstaude, allerdings leider selten im Handel zu bekommen.

trifft. Meist gibt es ein bisschen Morgen- oder Abendsonne und im Frühjahr dringt das Sonnenlicht noch durch die kahlen Äste.

Schatten im Nadelwald oder hinter Gebäuden gilt als Vollschatten. Wobei hinter Gebäuden meist doch noch etwas Licht auf den Boden trifft, wenn die Sonne am Zenit steht. Unter Nadelbäumen ist die Situation am schwierigsten, da sie das ganze Jahr über das Licht abblocken, der Boden unter der Baumkrone trocken ist und die Nadeln den Boden sauer machen. Dies ist ein extrem unwirtlicher Ort für Pflanzen. Vorschläge dazu finden Sie im Kapitel »Hier wird es schwierig für Pflanzen« *(→ S. 163)*. Je schattiger der Ort, desto schwieriger die Bepflanzung. Es gibt nicht so viele geeignete Pflanzen für den Schatten, deshalb finden Sie in diesem Kapitel auch nicht so viele Artenporträts wie in den anderen.

Schatten-Strategen

Viele Pflanzen haben Strategien entwickelt, um mit dem Lichtmangel zurechtzukommen. Der Bärlauch *(Allium ursinum)* z.B. blüht und treibt seine Blätter schon im zeitigen Frühling, vor dem Austrieb von Bäumen und Sträuchern. So schafft er es, an einem eigentlich schattigen Standort die maximale Menge Sonnenlicht einzufangen, nach dem Motto »Der frühe Vogel fängt den Wurm«. Tragen die Bäume dann Blätter, hat er längst Samen produziert und zieht die Nährstoffe aus seinen Blättern in die Zwiebel zurück. So überdauert er den vollschattigen Sommer unter dem Blätterdach. Ähnliche Strategien verfolgen auch die anderen Frühjahrsblüher, wie sie im vorigen Kapite zum Halbschatten beschrieben sind. Wenn der Verdacht besteht, dass das künftige Beet vielleicht doch nicht im Vollschatten liegt, oder wenn Sie den Schatten durch Heckenschnitt lichter machen können, sollten Sie es mit den früh blühenden Stauden des Halbschattenbereichs versuchen. Auch der Waldmeister *(Galium odoratum)* probiert es mit der Taktik des »frühen Vogels«. Er blüht, je nach Standort, von Mai bis Juni und zieht danach ebenfalls die Nährstoffe in die Wurzeln zurück. Die Folge des Einziehens ist, dass die Schattenflächen ab Juni meist einen kahlen Eindruck mit verdorrten Blättern bieten. Die Lösung dafür ist, die Frühjahrsblüher mit spät austreibenden Pflanzen wie Farnen und Wald-Geißbart *(Aruncus dioicus)* zu kombinieren. Ältere Farne nehmen schon mal fast einen Quadratmeter Fläche ein. Das schafft auch der Wald-Geißbart, allerdings dürfen Sie sich im Vollschatten von ihm kein Blütenmeer erwarten. Zusätzlich zu den im Folgenden vorgestellten Arten gibt es noch weitere Pflanzen, die es durchaus im Schatten aushalten. Sie sind allerdings nur schwer im Handel erhältlich, deshalb werden sie nicht im Porträtteil vorgestellt. Dazu zählt beispielsweise das **Christophskraut** *(Actaea spicata)*, das zarte, cremeweiße Blüten zeigt und gern auf frischen Böden wächst. Seine Beeren werden gern von Vögeln verspeist. Der **Sauerklee** *(Oxalis acetosella)* meidet Kalk, er gedeiht auf neutralen bis leicht sauren Böden. Er blüht blassviolett und seine Blätter schmecken leicht säuerlich. Sie sind beim Wandern gut gegen Durst, allerdings nur in geringen Mengen, da sie schwach giftig sind. Die bodendeckende **Haselwurz** *(Asarum europaeum)* zeichnet sich durch satt glänzende, dunkle Blätter aus. Ihre weinrote Blüte ist eher versteckt und wird von Fliegen bestäubt. Das **Zweijährige Schattenblümchen** *(Maianthemum bifolium)* ist ein pflegeleichter Bodendecker für waldartige Standorte unter Gehölzen mit humosem, frischem Boden. Es blüht weiß und duftet angenehm.

Fit für die Zukunft

Das klingt vielleicht alles ein wenig frustrierend für Gartenbesitzer, die mit recht viel Schatten gesegnet sind. In Hinblick auf den Temperaturanstieg aufgrund des Klimawandels, sollten wir Schatten aber nicht ganz so negativ betrachten. Wichtig ist, dass ausreichend Wasser vorhanden ist. Trockener Schatten ist das Waterloo des Gärtners *(→ S. 168)*. Deshalb sollte die Nutzung von Dachwasser in jedem Garten eingeplant werden. Besonders wenn es in Ihrer Gegend grundsätzlich zu wenig regnet oder sich die Niederschläge auf einige wenige Starkregenereignisse konzentrieren. Dachwasser können Sie in (Schwimm-) Teichen speichern und zum Gießen nutzen.

Alternativen

Fühlt sich der Garten für Sie generell zu schattig an, ist eine **Baumrodung** zu überlegen. Das schlage ich nicht gerne vor. Bäume brauchen Jahrzehnte, um zu wachsen, sind wichtige Sauerstoffproduzenten und Lebensraum für Insekten und Vögel. Und dann sind da ja noch diverse Gesetze zu beachten. Falls also eine Rodung unumgänglich scheint, sollte sie jedenfalls so gering wie möglich ausfallen, vielleicht auch sukzessive erfolgen. Wenn Sie z.B. planen, drei Bäume zu entfernen, könnten Sie mit einem Baum beginnen und abwarten, ob das nicht schon den gewünschten Effekt erzielt. Rodungen sollten dazu immer von Fachleuten durchgeführt werden.

Die Schattenbereiche anders als für eine Pflanzung zu nutzen, ist eine weitere Möglichkeit, mit Schatten im Garten umzugehen. Vielleicht ist es möglich, einen **Schuppen** oder den Fahrradabstellraum vom sonnigen Vorgarten in den Schattenbereich neben dem Haus zu **versetzen**. So wird eine leichter zu bepflanzende Fläche frei.

Auch als **Brennholzlagerplatz** eignet sich der Schatten, wenn das Holz trocken auf Latten gelagert wird.

Efeu

Der Efeu *(Hedera helix)* ist mäßig giftig und wächst verholzend als Bodendecker bzw. Kletterpflanze. Efeu erträgt selbst Vollschatten und wenn er – frühestens nach zehn Jahren – blüht, ist er eine wertvolle Nahrungsquelle für Insekten und Vögel. Es gibt zahlreiche Sorten mit unterschiedlichen Blattformen und -farben. Wobei Sie Sorten mit panaschierten Blättern eher in den Halbschatten pflanzen sollten. Die hellen Flecken enthalten wenig Chlorophyll, betreiben also kaum Fotosynthese. Das ist nicht gut, wenn ohnehin wenig Licht vorhanden ist.

Vielleicht ein etwas gewöhnungsbedürftiger Anblick, aber auch an sehr schattigen Stellen, an denen nichts mehr wächst, kann ein Totholzhaufen viel Leben generieren.

Wahre Tierfreunde planen eine **»Käferburg«** ein. Das ist ein Totholzhaufen, in dem zahlreiche Käfer – auch Glühwürmchen – leben und sich davon ernähren. Der Haufen sollte sowohl kräftige Stämme als auch dünnere Äste von verschiedenen Bäumen, vor allem Laubbäumen, enthalten. Für eine **»Igelburg«** eignet sich trockener Schatten, Sie wollen den Igel im Winterschlaf ja nicht überschwemmen. Dazu graben Sie eine flache Mulde, die leicht schräg nach außen geneigt ist, damit ja kein Regenwasser stehen bleibt. Dort kann man entweder ein gekauftes Igelhaus aufstellen und mit Ästen und Laub isolieren oder die Arbeit dem Igel überlassen und nur Äste und Laub aufschichten.

Für den Komposthaufen eignen sich schattige Bereiche besonders gut, da der Kompost immer etwas feucht sein soll. Unbedingt muss er Kontakt zum Erdboden haben, damit Regenwasser durchsickern kann und sich die Bodenlebewesen bei Hitze in tiefere Schichten zurückziehen können. Idealerweise hat der Boden unter dem Kompost ein leichtes Gefälle, damit Regenwasser nie gestaut wird, was zu Fäulnis führen würde.

Giftige Schattengehölze

Bei den Gehölzen für Schattenbereiche ist die Auswahl ebenfalls recht überschaubar. Die meisten Arten auf meiner Schatten-Liste *(→ S. 159)* sind mehr oder weniger giftig. Das giftigste Gehölz ist bei Weitem der Seidelbast *(Daphne mezereum)*, dessen rote Beeren auch noch zum Kosten einladen, gefolgt von Spindelstrauch *(Euonymus latifolia)* und Schwarzer Heckenkirsche *(Lonicera nigra)*. An der Eibe *(Taxus baccata)* ist der rote Samenmantel der einzige Teil der Pflanze, der nicht giftig ist. Das hat sich die Natur schlau ausgedacht, denn so wird er samt Samen von Vögeln gefressen und die Samen durch sie verbreitet. Auch der Efeu ist giftig, vor allem die Beeren, aber auch das Laub können bei Kontakt Hautreizungen hervorrufen.

Bärlauch

Allium ursinum

↑20–50 cm ✿ 5–6

Heimisches Lauchgewächs *(Alliaceae);* braucht frische bis feuchte, humusreiche Böden.

WUCHS Zwiebelpflanze, sie zieht nach der Samenbildung ein. Sehr ausbreitungsfreudig über Seitenzwiebeln und Samen.

BLÜTE Weiße, sternenförmige Lauchblüte; dicht an dicht gepflanzt, ergibt Bärlauch im Frühling ein weißes Blütenmeer.

VERWENDUNG Als Unterwuchs unter Hecken und Laubbäumen, allerdings nur wenn genug Bodenfeuchtigkeit vorhanden ist. Gut in Kombination mit später im Jahr austreibenden Pflanzen wie Farnen oder Wald-Geißbart *(Aruncus dioicus)*. Schön zusammen mit anderen Bodendeckern wie Waldmeister *(Galium odoratum)* oder Busch-Windröschen *(Anemone nemorosa)*.
Die ganze Pflanze kann für die Wildkräuterküche genutzt werden, auch die Blüte und die Samen. Bei der Ernte in der Landschaft aufpassen. Es besteht Verwechslungsgefahr mit Maiglöckchen *(Convallaria majalis)* und Aronstab *(Arum maculatum)*. Es werden 20 Stück pro m² benötigt.

WERT Futterpflanze für Wildbienen, Hummeln, Fliegen.

Wald-Frauenfarn

Athyrium filix-femina

↑50–120 cm ✿ 7–9

Heimischer, verbreiteter Farn, der bis ca. 2.000 m Höhe vorkommt. Verhält sich tolerant gegenüber dem Kalkgehalt des Bodens.

WUCHS Hohe, aber grazile, ausdauernde, krautige Pflanze mit mehrfach gefiederten Wedeln.

PFLEGE Verträgt keinen strengen Frost, eventuell sogar im Winter abdecken.

VERWENDUNG Unter Laubbäumen und an Hecken, solange der Boden zumindest frisch, besser feucht ist. Gut auch am Fuß feuchter Mauern. Als Strukturpflanze schön in Kombination mit der immergrünen Hänge-Segge *(Carex pendula)* und weißblühenden Bodendeckern wie Bärlauch *(Allium ursinum)* und Waldmeister *(Galium odoratum)*. Passt auch gut an den Teichrand, wenn dieser zumindest im Halbschatten liegt. Man pflanzt 3 Stück pro m².

WERT Fungiert als Bodenschutz und Unterschlupf für Tierchen.

Gefleckter Aronstab

Arum maculatum

↑15–40 cm ✿ 4–5

Heimisches giftiges Aronstabgewächs *(Araceae)*; wächst in feuchten, nährstoffreichen Laubwäldern und Auenwäldern. Hochgiftig!

WUCHS Wächst am gleichen Standort wie Bärlauch *(Allium ursinum)* und hat auch in etwa das gleiche Blattgrün, wenn auch in anderer Form. Deshalb Vorsicht bei der Ernte des essbaren Bärlauchs!

BLÜTE Besonders verlockend sind die knallroten Beeren. Der Blütenstand ist für *Araceaen* typisch: Ein einzelnes, cremeweißes Hochblatt umgibt den dunkelbraunen Kolben, an dem unten die weiblichen und darüber die männlichen Blüten sitzen.

VERWENDUNG Unter Laubbäumen und Sträuchern in Kombination mit allen Pflanzen dieses Kapitels, außer den essbaren (Bärlauch und Waldmeister). Damit er wirkt, setzt man 9 Stück pro m^2.

WERT Durch den für uns Menschen unangenehmen Duft werden Schmetterlingsmücken angelockt, die die Bestäubung übernehmen.

ARTEN/SORTEN Öfter erhältlich ist auch der Italienische Aronstab *Arum italicum.* Die Sorte 'Pictum' hat eine silbergraue Blattzeichnung.

Wald-Geißbart

Aruncus dioicus

↑80–150 cm ✿ 6–7

Ein Rosengewächs *(Rosaceae),* das in schattigen, feuchten Wäldern aller gemäßigten Bereiche der Nordhalbkugel vorkommt.

WUCHS Der Wald-Geißbart ist eine prächtige Pflanze, die in keinem Schattengarten fehlen sollte.

BLÜTE Kleine, cremeweiße Blüten stehen in bis zu 30 cm langen Gesamtblütenständen. Jeder Blütenstand enthält bis zu 10.000 Einzelblüten.

VERWENDUNG Indifferent bezüglich des Kalkgehalts des Bodens, nur frisch bis feucht muss er sein. Im Schattenbeet als Leitstaude mit niedrigen Arten kombinieren, z.B. mit Berg-Goldnessel *(Galeobdolon montanum)* oder Vielblütiger Weißwurz *(Polygonatum multiflorum).* Kommt auch im Halbschatten zurecht, wenn der Boden feucht genug ist. Man setzt 2 Stück pro m^2.
Junge Sprossen können als Gemüse gekocht werden.

WERT Nahrungspflanze für diverse Schmetterlinge, Fliegen und Käfer.

Nesselblättrige Glockenblume

Campanula trachelium

↑30–80 cm ✿ 6–9

Ein ausdauernder, heimischer Vertreter der Familie der Glockenblumengewächse *(Campanulaceae).*

WUCHS Aufrecht, horstbildend, gut frostverträglich. Ihr Laub erinnert etwas an das der Brennnessel.

BLÜTE Typische violette Glockenblumenblüte, mit bis zu 5 cm Größe pro Einzelblüte; je lichter der Schatten am Standort, umso üppiger fällt die Blüte aus. Nicht aber auf vollsonnige Standorte setzen.

PFLEGE Rückschnitt nach dem Winter; wer Selbstaussaat vermeiden möchte, sollte sie gleich nach der Blüte zurückschneiden.

VERWENDUNG Schöne Leitstaude, eine der wenigen Pflanzen, die auch im Schatten farbig blühen. Macht sich sehr gut, wenn sie in Gruppen bis zu 5 Stück gepflanzt wird, dazwischen Bodendecker wie Waldmeister *(Galium odoratum)* oder Vielblütige Weißwurz *(Polygonatum multiflorum)*. Ist der Standort nicht ganz so schattig, können auch Bodendecker des Halbschattenstandorts wie Große Sternmiere *(Stellaria holostea)* dazugesetzt werden. Pflanzen Sie 9 Stück pro m^2.

WERT Futterpflanze für Wildbienen und Hummeln.

Berg-Goldnessel

Galeobdolon montanum

↑30–50 cm ✿ 5–7

Synonym: *Lamium galeobdolon*

Heimischer Lippenblütler *(Lamiaceae)* aus Auen und Mischwäldern, der nährstoffreiche Böden mag.

WUCHS Ausdauernde Pflanze, die durch Ausläufer dichte Bestände bildet.

BLÜTE Für eine Schattenpflanze attraktive, gelbe Blüten.

VERWENDUNG Im Beet als Begleitstaude, aufgrund der Ausläufer nur mit höher wachsenden Pflanzen kombinieren, z.B. mit der Nesselblättrigen Glockenblume *(Campanula trachelium)*. Pflanzen Sie 9 Stück pro m^2. Die Blätter werden in der Wildkräuterküche für Spinat und Suppen verwendet, die Blüten als essbare Deko. Aus den Blüten kann man Tee mit belebender, entzündungshemmender, verdauungsfördernder und harntreibender Wirkung zubereiten.

SORTEN 'Florentinum' mit Musterung auf den Blättern.

WERT Futterpflanze für verschiedene Wildbienen, Schmetterlinge und Fliegen.

Waldmeister

Galium odoratum

↑15–30 cm ✿ 5–6

In Europas Wäldern heimische Pflanze aus der Familie der Kaffeegewächse *(Rubiaceae)*.
WUCHS Vermehrt sich kriechend über unterirdische Rhizome. Die Pflanze ist unverwechselbar durch ihre wintergrünen Laubblätter, die aus 6–8 Einzelblättern bestehen, die an Quirlen um den Stängel angeordnet sind. Die Pflanze zieht nach der Blütezeit teilweise ein.
BLÜTE Zarte, weiße Sternchenblüten.
VERWENDUNG Braucht mittelfeuchte, mäßig nährstoffreiche Böden. Schöner, zarter, aber dichter Bodendecker für schattige Orte mit attraktivem, charakteristischem Duft. Gut in Kombination mit Farnen. Man pflanzt 14 Stück pro m^2.
Wegen seines typischen Cumarin-Geschmacks kann man mit Waldmeister Sirup, Likör und Bowle aromatisieren. In der Pflanzenheilkunde wird er als Schlaftee verwendet. Er soll herz- und leberstärkend, harn- und schweißtreibend, keimtötend, beruhigend, blutreinigend, verdauungsfördernd und krampflösend wirken.
WERT Futterpflanze für Wildbienen, Schmetterlinge (vor allem Spanner), Hummeln und Fliegen.

Vielblütige Weißwurz

Polygonatum multiflorum

↑50–60 cm ✿ 5–6

Das heimische Mäusedorngewachs *(Ruscaccao)*, hält es auf lockeren, humusreichen, etwas kalkhaltigen Lehmböden auch in vollschattiger Lage aus. Alle Pflanzenteile sind giftig! Verlockend sind besonders die schwarzblauen, bereiften, kugeligen Früchte, die sich im September bilden und etwas an Schlehen oder Heidelbeeren erinnern.
WUCHS Sommergrüne ausdauernde Pflanze mit kräftigem Rhizom, durch welches sie sich verbreitet.
BLÜTE Traubige, hängende Blütenstände.
PFLEGE Keine Pflege notwendig, höchstens Schutz vor Überwachsen durch ausbreitungsfreudige Pflanzen.
VERWENDUNG Im Beet flächig setzen, zwischen höherwüchsigen Pflanzen wie Wald-Geißbart *(Aruncus dioicus)* und Wald-Ziest *(Stachys sylvatica)*. Man pflanzt 11 Stück pro m^2.
WERT Der in eher geringen Mengen vorhandene Nektar steht langrüsseligen Hummeln zur Verfügung.

Wolliger Hahnenfuß

Ranunculus lanuginosus

↑30–70 cm ✿ 5–7

Ein Hahnenfußgewächs *(Ranunculaceae)* für feuchte oder frische, kalk- und nährstoffreiche Böden.

WUCHS Ausdauernde, krautige Pflanze. Nur die Blütenstände ragen hoch über den Boden hinaus, das handförmige, geteilte Laub bleibt bei etwa 30 cm Wuchshöhe stehen. Die Stiele sind rau behaart.

BLÜTE Leuchtend gelbe Hahnenfußblüte mit den typischen 5 Blütenblättern; blüht auch im dunklen Schatten, wächst aber auch gut in halbschattigen Bereichen, wenn der Boden feucht genug ist.

VERWENDUNG Als Bodendecker; am besten flächig pflanzen. Mit höherwüchsigen Stauden kombinieren, z.B. mit Nesselblättriger Glockenblume *(Campanula trachelium)* oder mit Farnen, z.B. dem Wald-Frauenfarn *(Athyrium filix-femina)*. Im Halbschatten wirkt der Wollige Hahnenfuß schön zusammen mit der Wald-Witwenblume *(Knautia maxima)* oder der Pfirsichblättrigen Glockenblume *(Campanula persicifolia)*. Pflanzen Sie 9 Stück pro m².

WERT Die Früchte (Nüsschen) werden durch Ameisen verbreitet. Wildbienen besuchen die Blüten.

Klebriger Salbei

Salvia glutinosa

↑50–80 cm ✿ 7–9

Lippenblütler *(Lamiaceae)* für feuchte, nährstoffreiche Schattenstandorte. Er kommt von Europa bis zum Kaukasus und Westasien vor.

WUCHS Mehrjährig ausdauernd, aufrecht, alle grünen Teile sind klebrig behaart. Imposante Pflanze.

BLÜTE Relativ große, hellgelbe Einzelblüten mit weinroter Zeichnung.

PFLEGE Rückschnitt vor Neuaustrieb.

VERWENDUNG Im Schattenbeet als Leitstaude einsetzen; sowohl flächig als auch solitär möglich. Zu zarten Arten wie Waldmeister *(Galium odoratum)* oder Wald-Ziest *(Stachys sylvatica)* Abstand halten – der Klebrige Salbei breitet sich stark aus. Man setzt 3 Stück pro m². Junge Blätter und Triebspitzen schmecken in Salaten, Suppen, Eintöpfen oder Aufstrichen. Aus den Blüten kann man Sirup herstellen (schmeckt nach Zitrone).

WERT Bienen, Hummeln, Schwebfliegen, Schmetterlinge und Käfer besuchen die Blüten.

Wald-Ziest

Stachys sylvatica

↑60–100 cm ✿ 6–9

Ein graziler, heimischer Lippenblütler *(Lamiaceae)* für frische bis feuchte, nährstoffreiche Beete.
WUCHS Ausdauernde Pflanze mit aufrechtem Wuchs und hellgrünem Laub. Grüne Teile riechen unangenehm.
BLÜTE Purpurrote, kleine, aber schön gezeichnete Lippenblüten, die leicht nach Flieder duften.
PFLEGE Mahd einmal jährlich; wenn nötig, Jäten von wüchsigeren Nachbarpflanzen.
VERWENDUNG Für Beete, am Teichrand und in der Sickermulde; blüht im Halbschatten schöner als im Vollschatten. Am besten in Gruppen von 3–7 Stück setzen, dazwischen Bodendecker wie Waldmeister *(Galium odoratum)*. Pro m^2 benötigt man 10 Stück.
Die Blätter haben einen pilzähnlichen Geschmack, man kann sie gehackt in Aufstriche, Salate, Soßen und Suppen geben.
Wird als Heilpflanze kaum mehr verwendet, obwohl er krampflösend wirkt.
WERT Futterpflanze für Wildbienen, Schmetterlinge und Hummeln.

Ökologisch wertvolle Gehölze für diesen Standort

Botanischer Name	Deutscher Name	Höhe, Blütezeit und Blütenfarbe
Daphne mezereum	Gewöhnlicher Seidelbast	0,3–1 m, Mrz–Jun, violett
Euonymus latifolius	Breitblättriges Pfaffenhütchen	1–5 m, Mai–Jun, hellgrün
Hedera helix	Gewöhnlicher Efeu	5–20 m, Sep–Nov, gelbgrün
Lonicera nigra	Schwarze Heckenkirsche	0,5–1,2 m, Mai–Jun, purpur
Prunus avium	Vogel-Kirsche	5–25 m, Apr–Mai, weiß
Taxus baccata	Gewöhnliche Eibe	5–15 m, Mrz–Mai, blassgelb

Eine schöne Blütenkombination für den Schatten ergeben der weiße, fedrige Wald-Geißbart *(Aruncus dioicus)* und violette Glockenblumen (hier *Campanula latifolia* var. *macrantha*).

Kombinationsmöglichkeiten

Schattige Gartenbereiche lassen sich nicht gerade leicht in ein Blütenmeer verwandeln, die Auswahl ist mit elf Arten auch nicht üppig. Ob uns das passt, oder nicht, Pflanzen brauchen Licht. Wenn davon zu wenig vorhanden ist, schränken sie zugunsten des reinen Überlebens alles Verzichtbare ein, so auch die Vermehrung, sprich das Blühen. Die vorgeschlagene Pflanzenkombi enthält den Wald-Geißbart *(Aruncus dioicus)* und Wald-Frauenfarn *(Athyrium filix-femina)* als Leitpflanzen. Der Geißbart blüht umso weniger, je dunkler er steht. Nesselblättrige Glockenblume *(Campanula trachelium)* und Wald-Ziest *(Stachys sylvatica)* wirken in einer Gruppe gepflanzt blütenreicher als einzeln über die Fläche verteilt. Von der Berg-Goldnessel *(Galeobdolon montanum)* reicht ein Stück, sie wuchert und treibt fleißig Ausläufer. Ihre süßen Blüten sind bei Hummeln beliebt. Den Bärlauch *(Allium ursinum)* können Sie schon im zweiten Jahr nutzen, besonders wenn Sie immer die äußeren Blätter ernten. Kombinieren Sie ihn mit dem ebenfalls nutzbaren Waldmeister *(Galium odoratum)*, aber niemals mit Maiglöckchen *(Convallaria majalis).* Die Blätter ähneln einander, und wenn sie im gleichen Beet stehen, könnten auch die giftigen Maiglöckchenblätter im Bärlauchpesto landen und Sie bestenfalls auf der Intensivstation. Dasselbe gilt für den Aronstab *(Arum maculatum)*, auch er ist äußerst giftig. Seine Blattform ist zwar pfeilartig, nicht schmal und lang, aber die Blattfarben sind ähnlich. Eine unterschätzte Pflanze für Schattenbereiche ist der Woll-Hahnenfuß *(Ranunculus lanuginosus)*. Seine Blüten sind nicht groß, aber zahlreich und von einem schönen, satten Gelb. Er verbreitet sich gut über Ausläufer. Dazu passt der Klebrige Salbei *(Salvia glutinosa)*, seine Blüten sind blassgelb und bei Hummeln besonders beliebt, er deckt schnell Fläche ab. Die Blüten der Vielblütigen Weißwurz *(Polygonatum multiflorum)* sind cremeweiß und unauffällig, aber ihr Laub ist hübsch bläulich überhaucht. Flächig gepflanzt bedeckt sie zwischen Hochstauden gleichmäßig den Boden.

Pflanzvorschlag für ein 3 m² großes Beet im Schatten

Anzahl	Name	Botanischer Name	J	F	M	A	M	J	J	A	S	O	N	D
10	Bärlauch	*Allium ursinum*				X	X							
1	Wald-Geißbart	*Aruncus dioicus*						X	X					
1	Wald-Frauenfarn	*Athyrium filix-femina*							X	X	X			
4	Nesselblättrige Glockenblume	*Campanula trachelium*						X	X	X	X			
1	Berg-Goldnessel	*Galeobdolon montanum*					X	X	X	X				
12	Waldmeister	*Galium odoratum*					X	X						
3	Vielblütige Weißwurz	*Polygonatum multiflorum*					X	X						
6	Wald-Ziest	*Stachys sylvatica*						X	X	X	X			

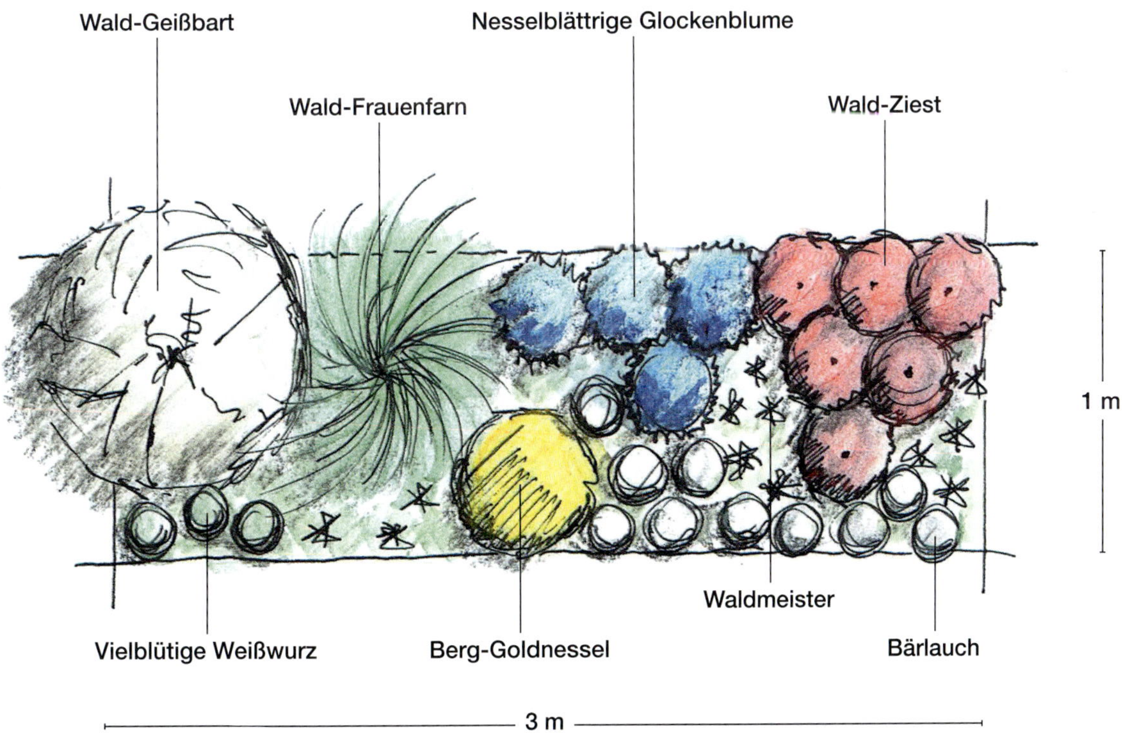

Hier wird es schwierig für Pflanzen

Es gibt einige wenige Situationen im Garten, mit denen kaum eine Pflanze zurechtkommt. Hier müssen Sie umstrukturieren oder mit einer kleinen Pflanzenauswahl zufrieden sein.

Die Heide-Nelke *(Dianthus deltoides)* ist am Naturstandort stark gefährdet. Sie meidet Kalk, bevorzugt eher saure, sandige Böden und wächst gern an trockenen Böschungen.

Saurer Boden

In manchen Landschaftsräumen, in Teilen von Süddeutschland und in der Böhmischen Masse etwa, ist das Ausgangsgestein, aus dem der Boden entstanden ist, eher sauer. Saurer Boden, das bedeutet einen pH-Wert zwischen 4 und 6. Sollte der Wert noch darunter liegen, ist eine Bepflanzung nicht möglich, denn bei pH-Werten unter 3 findet kein Pflanzenwachstum mehr statt. Die meisten Pflanzen gedeihen auf neutralen Böden mit einem pH-Wert zwischen 6 und 8 oder auf leicht sauren oder leicht kalkhaltigen Böden. Der Großteil der Gartenböden weist auch diese pH-Werte auf. Jedoch haben sich auf von Natur aus sauren Böden ganz eigene Pflanzengesellschaften entwickelt, die auf kalkhaltigen Böden kümmern und eingehen würden. Solche Standorte sind im Garten eher selten, können aber auch künstlich geschaffen werden, z.B. die durchaus beliebten Moorbeete.

Moor und Torf

Moorbeete haben nur einen Nachteil, der aus naturschutzfachlicher Sicht allerdings gravierend ist: Um ein Moorbeet anzulegen, muss ein natürliches Moor abgebaut werden. Moore sind seltene Landschaften, die durch ein Zusammenspiel aus wasserstauenden Schichten und einem mangelnden Zufluss von kalkhaltigem Wasser entstanden sind. Sie werden nur von den leicht sauren Niederschlägen gespeist. Die Verrottung der Pflanzenteile im wassergesättigten

Einige Beerensträucher bevorzugen saure Böden, z.B. Heidelbeeren *(Vaccinium myrtillus)*, Cranberrys *(V. macrocarpon)* und Preiselbeeren (*V. vitis-idaea*, im Bild).

Boden geht ganz langsam, deshalb wächst ein Moor nur ein paar Millimeter pro Jahr. So entstanden ganz spezielle Pflanzengesellschaften mit Arten wie Sonnentau, Moor-Birke und Heidekrautgewächsen. Den Boden des Moores nennt man Torf. Wir kennen Torf alle als Teil vom Pflanzsubstrat, das wir im Baumarkt sackweise kaufen können. Torf wird vor allem genutzt, weil er so leicht ist – das spart Transportkosten. Er ist aber fast nährstofffrei, darum werden torfhaltige Erden mit synthetischen Mitteln aufgedüngt. Noch ein Nachteil ist die schlechte Wiederbenetzbarkeit, einmal ausgetrocknet, nimmt Torfsubstrat fast kein Wasser mehr auf. Gute Gründe, keine Beete zu planen, deren Grundlage zerstörte Moore sind.

In der Tabelle rechts finden Sie **passende Stauden und Gehölze**, die leicht erhältlich sind. Sie können untereinander fast beliebig kombiniert werden. (HS) kennzeichnet Arten, die Halbschatten vertragen.

Passende Pflanzen für saure Böden

Botanischer Name	Deutscher Name
Achillea ptarmica	Bertram-Schafgarbe
Arnica montana	Echte Arnika
Calluna vulgaris	Heidekraut
Dianthus deltoides	Heide-Nelke
Frangula alnus	Faulbaum (HS)
Hieracium aurantiacum	Orangerotes Habichtskraut
Hydrangea spp.	Hortensien-Sorten (HS)
Lupinus polyphyllus	Stauden-Lupine
Luzula sylvatica	Wald-Hainsimse (HS)
Rhododendron spp.	Rhododendron-Sorten (HS)
Rosa canina	Hunds-Rose
Viscaria vulgaris	Pechnelke

In allzu trockenem, finsterem Schatten kommt auch das Leberblümchen *(Hepatica nobilis)* nicht zurecht, aber es braucht nicht viel Feuchte und auch nicht viel Licht. In der Natur wächst es in Laubwäldern, seltener in Nadelwäldern, auf kalkhaltigen Böden.

Trockener Schatten

Trockenen Schatten habe ich im Kapitel »Leben im Schatten« *(→ S. 152)* schon als Waterloo des Gärtners bezeichnet und kann das hier nur noch bekräftigen. Wenn von den drei Eckpfeilern Licht, Wasser und Nährstoffe einer im Minimum ist, gibt es immer Pflanzenarten, die das kompensieren können. Fehlen aber zwei, nämlich Licht und Wasser, wie an diesem unwirtlichen Standort, gibt es nur mehr wenige Spezialisten, die damit zurechtkommen. Sie können Maßnahmen, wie auf Seite 152 beschrieben, ergreifen, in diesen Bereichen auf eine Bepflanzung verzichten oder es mit den Pflanzen aus meiner Auswahl versuchen *(→ S. 168)*.

Unter Nadelbäumen

Flächen unter alten Koniferen zu bepflanzen ist schwierig. Besonders wenn es sich dabei um Flachwurzler, wie die Fichte, handelt. Der Boden ist dort sauer durch die verrottenden Nadeln, oberflächig stark durchwurzelt, nährstoff- und wasserarm, weil die Fichte alles aufsaugt. Entweder Sie akzeptieren es so, wie es ist, oder Sie bringen eine mindestens 10 cm dicke Schicht aus humushaltiger Erde auf, in die Sie dann die Stauden setzen. Achten Sie darauf, dass der Baumstamm nicht mit Erde eingeschüttet wird. Ansonsten könnte die Rinde, in der die Lei-

Der Efeu *(Hedera helix)* ist neben der Eibe wohl das schattenverträglichste Gehölz, das auf der Nordhalbkugel wächst.

Die Haselwurz *(Asarum europaeum)* blüht unscheinbar, bildet aber auch im Schatten einen hübschen, grünen Teppich.

tungsbahnen verlaufen, verfaulen, und der Baum vertrocknet. Entweder Sie schütten also die neue Erde schräg vom Rand weg verlaufend bis ca. 0,5 m vor den Stamm oder Sie schlichten in ca. 0,5 m Abstand um den Stamm Steine oder Hölzer auf, die die Erde zurückhalten. Das bietet gleichzeitig Unterschlupf für Käfer, Kröten und andere Tiere.

Selbst wenn Sie Pflanzen verwenden, die mit trockenem Schatten ganz gut zurechtkommen, müssen Sie die Stauden zumindest im ersten Jahr gießen oder eine Bewässerungsanlage mit Tröpfchenschlauch installieren. Viele Pflanzen, die Trockenheit aushalten, schaffen das ja nur deshalb, weil sie ein tief- und weitreichendes Wurzelwerk entwickeln. Und das braucht seine Zeit. Zusätzlich nützt es auch dem Baum, besonders dem Flachwurzler Fichte, wenn er gegossen wird. Gerade Fichten leiden ja sehr unter den klimawandelbedingten, längeren Trockenphasen.

Im Schatten von Gebäuden

Verursacht ein Bauwerk den Schatten, müssen Sie beobachten, ob dort überhaupt Regen auf den Boden fällt. Wenn nicht, hilft nur automatische Dauerbewässerung oder eine alternative Verwendung der Fläche. Wenn doch und Sie wollen dort etwas pflanzen, gilt wie beim Baumschatten, dass Sie mindestens in der ersten Saison bewässern sollten. Idealerweise mit Regenwasser aus der Zisterne.

Überlebenskünstler

Mit kaum Licht und wenig Wasser auszukommen, ist die Höchststrafe für jede Pflanze. Nur ganz »Harte« schaffen das. Was nicht heißt, dass sie um bessere Bedingungen nicht auch froh wären. In der Tabelle auf der folgenden Seite finden Sie einige Pflanzen, die diesen Bedingungen am ehesten trotzen können.

Stauden und Gehölze für trockenen (Halb-)Schatten

Botanischer Name	Deutscher Name	Höhe, Blütezeit und Blütenfarbe
Asarum europaeum	Europäische Haselwurz	5–10 cm, Mrz–Mai, braun
Asplenium scolopendrium	Hirschzungenfarn	10–60 cm
Dryopterix filix-mas	Echter Wurmfarn	50–130 cm
Galium odoratum	Waldmeister	15–30 cm, Mai–Jun, weiß
Hedera helix	Efeu	5–20 m, Sep–Nov, gelb
Helleborus niger	Schneerose, Christrose	15–30 cm, Feb–Apr, weiß
Helleborus viridis	Grüne Nieswurz	15-40 cm, Mrz–Apr, grün
Hepatica nobilis	Leberblümchen	8–15 cm, Mrz–Apr, blauviolett
Luzula sylvatica	Wald-Hainsimse	40–80 cm,
Melica nutans	Nickendes Perlgras	30–60 cm
Polygonatum mutliflorum	Vielblütige Weißwurz	50–60 cm, Mai–Jun, weiß
Vinca minor	Immergrün	15–40 cm, Apr–Mai, blauviolett

Seidelbast *(Daphne mezereum)* zeigt seine stark duftenden, purpurnen Blüten schon im März.

Kombinationsmöglichkeiten

Sogar für diesen Standort lassen sich ein paar nette Kombinationsmöglichkeiten finden. Handelt es sich um eher hellen Schatten, eignen sich die Farne Hirschzungenfarn *(Asplenium scolopendrium)* und Echter Wurmfarn *(Dryopterix filix-mas)*, schön auch in Kombination mit dem hochgiftigen Seidelbast *(Daphne mezereum)* als Hintergrund im Beet. Das Nickende Perlgras *(Melica nutans)* und die Vielblütige Weißwurz *(Polygonatum multiflorum)* bilden davor eine schöne Flächenbepflanzung.

Für Vollschatten eignet sich die Eibe *(Taxus baccata)* als Hintergrund-Hecke, Efeu (*Hedera helix)* und Waldmeister (*Galium odoratum)* als Bodendecker. Die Schneerosen-Arten *(Helleborus* spp.) und Hainsimsen *(Luzula* spp.) geben der Fläche Struktur.

Epilog

Danke, dass Sie das Buch bis hierhin studiert haben. Ich hoffe, es hat Ihnen gefallen und Sie konnten einige Anregungen mitnehmen. Mehr als Anregungen können es leider nicht sein, denn ein Buch kann immer nur eine Auswahl an geeigneten Pflanzen zeigen. Ich habe mich bemüht, die Auswahl nach Schönheit und Robustheit der Pflanzen und vor allem nach ihrem Wert für Tiere zu treffen. Trotzdem sehe ich jetzt schon die Mails vor mir: »Warum hast Du nicht die Pflanze XY genommen?«, »Und was ist mit den Alpenpflanzen?«, »Schade, dass für den Teich nur Sumpfpflanzen genannt sind.«, »Ich würde mir mehr Pflanzbeispiele wünschen.«, etc. Ja, Sie haben alle recht, aber das Buch hat nun mal nur 176 Seiten, und es muss ja noch Stoff für die nächsten Bücher zum Naturgarten übrig bleiben.

Das Buch kann auch deshalb nur Anregungen bieten, weil jeder Garten und jeder Gartenbesitzer ganz individuell sind. Es ist jetzt Ihre Aufgabe und Ihre Freude, aus Ihren Gegebenheiten und Wünschen den für Sie idealen Garten zu gestalten. Noch ein Tipp dazu: Bücher sind wunderbar, irgendwer hat mal gesagt, »Ich würde lieber das Telefonbuch lesen, als gar nicht zu lesen«. Dem kann ich nur zustimmen, aber noch wichtiger ist es, Augen und Herz zu öffnen, durch schöne Naturräume in der Umgebung zu schlendern, zu schauen und zu riechen, zu fühlen: Welche Pflanzen gefallen mir, welche Kombinationen sprechen mich an? Fühle ich mich in ruhiger, grüner Umgebung wohler oder mit möglichst vielen bunten Blüten? Mag ich Schatten oder lieber volle Sonne?

Dank Smartphone kann man schöne Pflanzsituationen festhalten, zu Hause die Pflanzen bestimmen und die Kombination im eigenen Garten nachpflanzen. In der Natur graben wir natürlich nichts aus, Homo sapiens hat schon genug Lebensräume zerstört und es gibt auch Naturschutzgesetze. Wer Lust am Selbstvermehren hat, kann von nicht geschützten Arten in nicht geschützten Gebieten einige Samen für den Eigenbedarf entnehmen und diese aussäen. Aber ernten Sie sehr bescheiden, aus jedem dieser teilweise winzigen Samenkörner wird ja eine ausgewachsene Pflanze, und wer braucht schon 300 Königskerzen? Sie sollten sich überdies zuerst informieren, ob die Wunschpflanze ein Licht- oder Dunkelkeimer, ein Warm- oder Kaltkeimer ist. Sonst kann es schnell frustrierend werden.

Am einfachsten und schnellsten ist es, Sie kaufen die Pflanzen bei einer renommierten, vielleicht sogar auf Wildpflanzen spezialisierten Staudengärtnerei. Dann wissen Sie sicher, welche Art Sie bekommen, und die Pflanzen sind kräftig und standfest. Haben Sie keine Gärtnerei in der Nähe, finden Sie eine Auswahl von Unternehmen im Anhang, bei denen man auch bestellen kann. Im Anhang finden Sie auch hilfreiche Bücher und Fachvereine, auf deren Websites Sie viel Informatives finden können. Haben Sie auch keine Hemmungen, bei den Vereinen direkt nachzufragen, wenn Sie Hilfe brauchen. Oder bei mir.

Ich danke darüber hinaus Helmut und Margit Hintermeier, die mit ihrer Buchreihe »Blütenpflanzen und ihre Gäste« und anderen Werken einen fundierten und ungeheuer vielseitigen Informationsschatz geschaffen haben, aus dem auch ich immer wieder gerne schöpfe.

Ihre Paula Polak

Service

Bezugsquellen Stauden, Gräser usw.

www.die-staudengaertnerei.de
www.durchgeblueht.de
www.foerster-stauden.de
www.frikarti.ch
www.gaertnerei-strickler.de
www.gaissmayer.de
www.gartenderhorizonte.de
www.hof-berggarten.de
www.poeppel-stauden.de
www.sarastro-stauden.com
www.staudenring.com
www.stauden-kirschenlohr.de
www.stauden-stade.de
www.syringa-pflanzen.de
www.wildeblumen.at
www.wildrosen.at
www.wildstauden.ch
www.wildstauden-gaertnerei.ch

Saatgut

www.bingenheimersaatgut.de
www.dreschflegel-saatgut.de
www.lebensinseln-shop.de
www.rieger-hofmann.de
www.samenhaus.de
www.samen-maier.at
www.sativa-biosaatgut.de
www.wildblumensaatgut.at

Bücher, die weiterhelfen

Paula Polak
Handbuch Wasser im Garten.
Löwenzahn Verlag

Reinhard Witt
Natur für jeden Garten
Eigenverlag
www.reinhardwitt.de

Reinhard Witt
Der Naturgarten
blv-Verlag

Friedhelm Strickler, Brigitte Kleinod
Schön wild! Attraktive Beete mit heimischen Wildstauden im Garten
pala-Verlag

Helmut und Margit Hintermeier
Blütenpflanzen und ihre Gäste, Teil 1–4
Verlag Delp GmbH & Co. KG

Sonja Schwingesbauer
Wo die wilden Nützlinge wohnen
Löwenzahn Verlag

Katrin Lugerbauer
Bienenfreundlich gärtnern
blv Verlag

Verbände und Vereine

Naturgarten e.V.
www.naturgarten.org

REWISA-Netzwerk
www.rewisa-netzwerk.at

Bund Deutscher Staudengärtner (BdS)
www.bund-deutscher-staudengaertner.de

Gesellschaft der Staudenfreunde e.V.
www.gds-staudenfreunde.de

Pro specie rara
www.prospecierara.de

Register

DIE KÖNNTEN SIE AUCH INTERESSIEREN.

e

ISBN 978-3-96747-062-8

e

ISBN 978-3-96747-115-1

e

ISBN 978-3-96747-065-9

ISBN 978-3-8354-1768-7

ISBN 978-3-96747-064-2

e

ISBN 978-3-96747-112-0

e Auch als E-Book erhältlich

Mehr von BLV auf **www.blv.de**

BLV

Impressum

Projektleitung: Cornelia Nunn
Lektorat: Corina Steffl
Korrektorat: Jutta Weikmann
Bildredaktion: Petra Ender, Natascha Klebl (Cover)
Umschlaggestaltung und Layout: independent Medien-Design, Horst Moser, München
Herstellung: Martina Koralewska
Satz: Christopher Hammond
Reproduktion: Repro Ludwig, Zell am See
Druck und Bindung: Firmengruppe APPL, aprinta druck, Wemding

Printed in Germany

ISBN 978-3-96747-004-8
4. Auflage 2025

Die Autorin

Paula Polak hat in Wien Landschaftsökologie und Landschaftsgestaltung studiert. Sie arbeitet als freie Planerin mit einem eigenen Ingenieurbüro für Landschaftsplanung und ist Teilhaberin der „Wilden Blumen", einem Gartenbaubetrieb, der heimische Wildstauden in Bio-Qualität produziert. Zudem hält sie mit viel Freude Vorträge, schreibt Artikel für Fachzeitschriften sowie Bücher zur naturnahen Gartengestaltung. Naturnahes Grün, Klimaschutz und Erhalt der Artenvielfalt liegen ihr besonders am Herzen, um dazu beizutragen, dass diese Welt ein bisschen besser wird.
www.paulapolak.com

Bildnachweis

Cover: Florapress/Sibylle Pietrek
Alle Fotos und Pflanzpläne in diesem Buch stammen von Paula Polak, mit Ausnahme von:
Alamy: 23-1, 51-2, 89, 90-2, 108-1, 121, 128-2, 130-1, 135-2, 136-1; **Biopix:** 26-1, 27, 40-2, 46-1, 61, 73-2, 75-2, 84-2, 86-2, 90-1, 111-1, 114-1, 124-2, 125-2, 127-1, 154-2, 157-2, 158-1; **Florapress/Liz Eddison:** 22-1, 63; **/gartenfoto.at:** 160; **/Martin Hughes:** 148; **/Ute Klaphake:** 20; **/Visions:** 23-2; **GAP Photos/Thomas Alamy:** 37-2, 85-2; **/Lee Avison:** 20; **/Robert Mabic:** 2; **/ Nova Photo Graphik:** 25-1; **Garden World Images/Trevor Sims:** 156-2; **iStockphoto:** 55-1, 56-2, 75-1, 78-2, 86-1, 87-2, 88-1, 93-2, 101-2, 105; **Konstantin Mikulitsch:** 176; **Shutterstock:** 6, 15, 17-2, 18, 24-1, 25-2, 33, 35-2, 37-1, 39-1, 40-1, 43-1, 44-2, 47, 48-1, 49-1, 50-1, 53-2,54-1, 55-2, 56-1, 57-2, 58-2, 59-2, 60, 69, 72-2, 73-1, 76-2, 77, 78-1, 79-2, 80-2, 81, 82-2, 83, 84-1, 87-1, 91-2, 95, 96, 103-2, 104-2, 106-2, 107, 112, 113-1, 114-2, 115-1, 116, 117, 124-1, 127-2, 128-1, 129-2, 130-1, 131, 132-1,133-2, 134-1, 135-1, 137, 139, 140, 141-2, 142-2, 144, 145, 146, 151, 154-1, 155-1, 156-1, 158-2, 159, 162, 165, 166, 167, 168, U4-2; **Corina Steffl:** 5, 100; **stock.adobe.com:** 50-2, 66, 71-1, 79-1, 82-1, 132-2, 141-1, 142-1, 143-2, 164.

Syndication:
www.imageprofessionals.com